絶対失敗しない

偏差値50からの中学受験スーパーメソッド

12歳までにやるべき99か条

佐藤亮子

中央公論新社

はじめに

2018年に『私は6歳までに子どもをこう育てました』(中央公論新社)を上梓いたしました。その中で私は、6歳、つまり小学校入学前までに、子どもをどのように育てたらいいのか、何を学ばせておくべきかをお話ししました。今回の本はその続編となります。幼稚園や保育園までに身につけたものを持って、子どもはいよいよ小学校に入学します。それまでと違うのは、何といっても「評価」というものがついてくる世界に入ったということでしょう。この評価というものは、使い方次第で子どものためになったり、害になったりするものなのです。

この本では、小学校の6年間を「低学年」「中学年」「高学年」と2年ごとにわけて、中学入試合格までの道筋を解説しています。小学生というのは、日々細胞分裂しているのがわかるほど成長します。そんな子どもたちを、より正しく大きく成長させるにはどのようにしたらいいか、親の姿勢、考え方などを詳しくお伝えしたいと思います。

幼稚園までは楽しく遊ぶ毎日でしたが、入学してからは点数のついたテストを持って帰ってきますから、親も以前よりもっと積極的に教育に関わらなくてはなりません。しかも、中学受験をすると決めると、入試に間に合うように学力も精神力も鍛えていかなければなりません。中学受験をせずに公立中学に進んでも、小学校での勉強はその後の基礎になりますから、やはりしっかりと習得する必要があります。

この本では、中学受験を考えていない方、今から考えようとしている方々にも、小学校の学業をきちんと身につけるにはどうすべきかを説明しています。私は4人の子どもを育てましたが、18歳までを子育ての期間と考えると、12歳までは、子どものさまざまな能力を伸ばす黄金期だったとつくづく思います。12歳までの内容をきちんと子どもがマスターしたら、そのあとはかなりラクに自分で学べるはずです。

小学校の内容は、小1の上に小2が乗り、小2の上に小3が乗りというように、小6までの内容が見事に層になって重なっています。つまり、小1から確実に重ねていくことが基本であり必須なのです。もし、途中でうまい具合に重ねられていないと思ったら、もう一度下の方のもろい部分の補強をしてあげなければなりません。子どもひとりでは、まだまだうまくできませんから、保護者の方に手伝っていただき、6年間の基礎を盤石なものにしてほしいと思います。

親が勉強を教える必要はないのですが、ほんの少しのサポートで子どもの成績は伸びていきます。この本には、国語、算数、理科、社会、英語で点を取るための勉強法や親のサポート法をたくさん紹介していますので、ぜひ、参考にしてください。

わが家の長男が灘中に入学した年の、秋の体育祭のときのことです。灘校は、体育祭は中学生と高校生が一緒に行います。はじめに、中1、中2と順番に並びますが、中1の長男は手前に並んでいる大きな高校生に隠れて姿が見えません。高校生に比べると中学1年生は、本当に小さくてかわいいヒヨコのようでした。小学校では最高学年、わが家では一番年上の子どもなので、すごく大きいと思っていました。それなのに、本当はこんなに小さかったのだと驚きました。こんなにも小さい子どもが学校や塾で頑張って合格したのだと思うと、つくづく胸が熱くなりました。

小学生はまだまだ小さいということを、いつも念頭において子育てするべきだと思いました。小学校や家の中では大きく見えますが、親のサポートが不可欠だと認識する必要があります。

この大事な6年間、お子さんをしっかり支え、立派に中学校へ送り出してください。この本はそのために、少しでもお役に立つように作りました。みなさまのご参考になればこの上ない幸せです。

第1章　低学年編（7〜8歳）

Q 持ち物は親がそろえる方がいいか、子どもにそろえさせるか迷っています。

Contents

Contents

Contents

偏差値50からの中学受験スーパーメソッド

〈12歳までにやるべき99か条〉

第1章

低学年編（7〜8歳）

第1条 入学したその日からのいいスタートが「すべての始まり」

6歳、つまり小学校入学前までに何を学んで入学したらいいか、私が考えているのは次の5つです。①ひらがな、②カタカナ、③数字、④一桁の足し算、⑤九九。これらは完璧な状態ではなくても大丈夫ですが、まったく知らない、書いたこともない、見たこともないという状態で入学すると、子どもが苦労します。

昔は、名前をひらがなで書けたらよかったのですが、今はひらがなどころか漢字で書ける子も多いので、それなりの準備が必要です。しかも、入学式の次の日から授業が始まりますので、椅子に座って机の前で数十分はじっとしていられることがまず必要です。幼稚園までは、1日中遊ぶことが主だったので、6歳までに、家で少しずつ座っていることを習慣づけておかなければなりません。何事も習慣づけると後々ラクなのですが、習慣づけというのは非常に厄介なもので一朝一夕ではできません。身につけさせる方もつける方も努力が必要です。子どもは、授業を受け宿題をしテストを受け、しかも点数がついてくるという毎日が、この日から12年間も続きます。それらを考え合わせると、小1のスタートダッシュを、軽く考えてはいけません。

幼稚園のときに何もしなかった、下の子が生まれて忙しかったので上の子の教育が不十分だった、お母さんが仕事で忙しかった、などさまざまな理由で右記の5つがまだでしたら、卒園式から入学式までの間だけでもいいので、少しずつ始めておきましょう。市販の問題集などで構いません。まったく何もしないと、子どもに入学式のあと、霧の中を歩かせるようなことになりかねません。

教科書が配布されたら、国語の教科書を始めから終わりまで、本文のみを絵本のように楽しく読んであげるのが効果的です。子どもは初めての授業のとき、教科書の内容を知っていると安心して授業を受けられます。しかも、お母さんが前もって読んでくれていて内容を一応知っているため、自分が知っていることを先生が授業でどのように説明してくださるのか楽しみになります。そうなると、次の日に学校に行くのが一層楽しみになります。「学校を楽しく」というのが最優先になりますから、そこを目標にすると間違いないと思います。

入学すると、子どもに学校の準備を全部させようとする保護者が多いのですが、それは子どもにとって負担が大きすぎます。ぜひ親がしてあげてください。お母さんが準備を一緒にしてあげると、忘れ物をする心配はないし、子どもは準備の仕方も学べます。子どもが忘れているのを知っていながらそれを言わず、そのまま学校に行かせて、「先生に叱ってもらって忘れる癖を直す」という保護者もいますが、それは間違いです。

そもそも先生が適切な言葉で叱ってくれるとは限りませんし、何度も忘れる子には当然のことながら、先生は厳しい態度になるでしょう。それは、子どもにとって、「教訓」となるのではなく、「恐怖」となり、学校嫌いにつながる恐れがあります。気をつけなければいけないのは、**保護者は子どもにとって常に頼れる味方でいることです。どんなことがあっても、子どもの側に立つということです。**先生の側に立って、子どもに向き合うと、子どもは親を信頼できなくなります。

また、入学後に注意してほしいのは、幼児教育でひらがななどを理解していると、子どもが、授業は自分の知っていることばかりだと慢心してしまうことです。そのときに、親は「学校の授業は簡単でしょ」などと、決して言ってはいけません。子どもは考えがまだ幼いですから、親がそう言えば授業が面白くなくなり、友達にも「簡単」「知っている」などと言い、偉そうに振る舞うようになります。それは、先生にも友達にも失礼であり、学ぶことに対する態度として傲岸不遜《ごうがんふそん》です。「学び」に対しては、常に「謙虚」でなければなりません。謙虚に学べない子は、すぐに成績が振るわなくなるケースが多いのです。

入学すると、朝決まった時間に起き、家を出て学校で授業を受けて、放課後遊んでまた帰ってきて、という繰り返しなので、子どもはかなり疲れます。寝る時間は、21時くらいになりますが、そうなると帰宅後4時間ほどしかなく、その間に宿題、夕食、お風呂、明日の準備などをすると、残る時間はそんなにありません。注意したいのは、ここでゲーム、テレビ、スマートフォンなどで時間を使うと、やるべきことができなくなることです。これらのものについては「ゲーム依存症」が話題になるくらいですから、初めから厳しめのルールを決めておきましょう。

わが家では、長男が生まれる前にテレビを2階に運び、子どもに見せませんでした。当然、ゲーム、漫画も家には置きませんでした。やり始めるとキリがないし、兄弟で遊ぶ時間のバランスなどの管理が、私にはできないと思ったからです。中学生になった順にテレビとゲームは解禁しました。もっとも、下に小さな子がいるので家ではゲームは禁止にしていました。

小学校1年生から中学受験塾に通わせるご家庭もあるようですが、低学年のうちはゲーム以外の遊びは存分にさせてあげてください。遊びの間に勉強を入れるという感覚くらいが、ちょうどいいです。遊びと勉強のメリハリをつけるのがポイントで、どちらもだらだらとやるのはNG。わが家では、「遊ぶときは思いっきり」がモットーでした。

第2条 幼児教育をしていなくても、難関中を目指せる

幼児教育をまったくやっておらず、小学校入学時点でひらがなの読み書きや一桁の足し算ができなくても、中学受験まで約6年間ありますから、十分難関中を目指せます。小1では、中学受験をするかどうかまだ決めていないご家庭は多いです。ご自分の地域を考慮に入れ、中学受験にするのか高校受験にするのかは、多少心づもりをしておきましょう。どちらのコースにしても、入学後に適切に学べば大学受験に有利です。中学受験なら小3か小4から受験塾へ、高校受験にするとしても12歳までに鍛えられたことは、中学に行ったあとの成績にかなり影響があります。中学受験をしなくても、小学校のときに塾で学んだ子が中学校でいい成績が取れ、上位の高校に合格したという話はよく聞きます。12歳までに鍛えることは、子どもの学力にとてもいい影響があるのです。

まず、学校の授業が毎日理解でき、宿題をきちんとやることが目標です。小学生は

なんといっても「計算力」「読解力」が重要、つまり「算数・国語」を中心に学ぶことを考えてください。

中学受験の算数、高校受験・大学受験の数学の基礎となるのが計算力ですから、できたら公文式教室や地域の塾などに通って、計算力を鍛えるといいですね。自分の学年の教科書のどこを開いてもわからないことがない、という状態を目指しましょう。

市販のワークブックを使って練習してもいいです。同じものを何度も使うのも効果的です（そのときは書いた答えが見えないように工夫）。

親は、子どもが学校で何を学んでいるのか教科書をのぞいてみてください。内容を把握したり、ノートをチェックしたりすることが必要で、学校に丸投げしてはいけません。しかし、ノートを見ながら「字が汚い」「もう少しきちんと書きなさい」「これは覚えているの？」といった、検査、試験のようなことは決して言わないようにしましょう。「へー、こんなことを習っているんだ、面白そうだね」と言ってあげると、子どももノートを書くのが好きになります。

第3条 小学校の生活に慣れ、生活リズムを整える

小学校に入学したら、それまでの生活とはガラリと変わります。教室で席に座って、時間割にそって新しいことを勉強しますので、子どもはそれだけでかなり疲れてしまいます。

新しい生活に慣れるのが結構大変ですから、小学校に入ったら1か月は子どもの様子を見て「疲れてないかな？」「友達とはうまく遊んでいるかな？」「給食は食べているのかな？」というような注意をしてください。疲れている様子でしたら、4月から新しい習い事を始めるのはやめた方がいいでしょう。もう少し遅らせた方がいいですね。まずは小学校生活に慣れることを優先してください。むしろ、今やっている習い事を見直して、多すぎたら減らすというような無理のないスケジュールを考えましょう。中学受験塾に通うのは小学校低学年では早すぎると思います。

起きる時間、寝る時間を決めて、規則正しい生活を心がけ、子どもの生活リズムを

整えるのを優先します。子どもは新しい生活で心身ともに疲れていますので、睡眠時間はたっぷり取って、ゆっくり休ませてください。

また、宿題は毎日チェックして、必ずやらせてください。小1は、宿題をやることが習慣づいていませんから、宿題を何よりも前にすませてしまう癖をつけましょう。子どもはひとりではできませんので、まずは親がそばについて勉強させてください。「やるべきことはきちんとやる習慣」を小学校1年生のときから身につけないと、なんでも先延ばしにすることになり、日々の勉強が不十分になります。

わが家の子どもたちは公文式のプリントをしていましたが、学校の宿題を優先しますから、平日には公文のプリントはやったりやらなかったりでした。土日の時間のあるときにまとめてやることも多かったですね。

お子さんが楽しい小学校生活のスタートを切れるよう、学校に慣れるまで持ち物や宿題のチェックをするなどのサポートを行いましょう。習い事よりも学校の宿題を最優先してください。

第4条 睡眠時間は絶対に削らない

規則正しい生活を送るうえで、もっとも大切なのが「睡眠時間をしっかり確保する」ということです。まだ体力がない小学校低学年ですから、睡眠不足は体調不良の原因になりやすく、頭がボーッとして授業にも集中できません。しっかりと睡眠を取らせて、スッキリとした頭で学校に通わせましょう。学校に行くのですから朝は決められた時間に起きなければなりません。そうなると、起きる時間から逆算して寝る時間が決まります。その時間を「1年間は守ること」が規則正しい生活の基盤です。

子どもによって、必要な睡眠時間は違うと思いますが、寝る時間の目安は、1年生が20時30分～21時、2年生が21時、3年生が21時～21時30分、4年生が21時30分ぐらい、5年生が22時、6年生が22時30分～23時30分といったところでしょうか。

わが家では、中学受験塾で勉強して帰宅が遅くなったとしても、4年生は22時30分、5年生は23時、6年生は23時30分までに寝かせるようにしていました。

1年生が21時に寝ると決めたなら、20時半までには、夕食、宿題、お風呂、お稽古ごとの準備をすませておく必要があります。20時半過ぎには布団にいつでも入れるようにしておかないと、21時に眠りにつくことはできません。そこのところを逆算して始める時間を決めて、てきぱき動かないと、どんどん寝る時間が遅くなるのです。目標を決めたら、今の時点から逆算するというやり方は、今後何事にも役に立ちますので、親がお手本を見せましょう。

塾に通うようになると、塾の宿題を終わらせるために午前1時、2時まで勉強するお子さんもいるようです。しかし、それは要領が悪すぎます。もう少し、勉強のやり方を考えたり生活習慣を変えたりしなければなりません。なんでも時間をかけるのがいいと思う親が意外と多いのです。例えば小学生が「1問を1時間かけて考えた」と言ったとき、多くのお母さんは「そんなに頑張ったの。偉かったねえー」と褒めたりするのですが、これは間違えています。そもそも小学生が1時間、つまり60分もひとつの問題を考え続けるなどほとんど不可能です。おそらくはじめの3分、最後の3分しかまともには考えていませんよ。間の54分間はきっと違うことを考えていたと思います。受験は時間との勝負なので、日頃から時間を十分意識して問題を解かなければなりません。

毎日の生活も、時間を常に厳守するという親の姿勢がなければ成り立ちません。「テストの点数が悪い」と子どもを叱る前に、まず親がけじめある態度で生活しているかどうか見直してください。

「宿題が終わっていないから」といって、眠そうにしている子どもに無理やり勉強させるのもＮＧです。このような場合、宿題を残した子どもが悪いのではなく、残させてしまった親のやらせ方が間違っていたと考えるべきです。まずは寝る時間を厳守しましょう。宿題が残っていても、とにかく寝かせる、ことです。子どもは宿題が心配ですが、疲れていますから寝てしまいます。

でも、予想通り次の日は自ら困りますから、宿題は早めに始めなければならないと気がつきます。その後、何度か失敗はしますが、そこは怒らずに対応します。何よりも健康を第一に考えなければなりません。

中学受験をするとなると塾に通いますから、だんだん寝る時間が遅くなります。ですから、塾に行っていない低学年の頃は特に睡眠を大切にして、そのあとに来る受験生生活に備え体を作っておくのが賢明です。

わが家の子どもたちは、低学年のときには20時から21時の間に寝ていました。６年生のときの塾からの帰宅時間は22時半頃で、長男と長女は23時、次男は23時30分に寝ていました。

三男だけは8月31日までは23時30分に寝ていましたが、9月1日以降、23時30分から24時30分までの1時間は過去問を解くために使いました。本人と相談して宿題が終わったあとの1時間を使ってやるようにしたのですが、やはり大変でした。見ていると、その日の予定の過去問が終わる24時30分には完全にエネルギーが燃え尽きていました。ある晩のこと、寝る時間になったので本人は隣の部屋で寝ようとしたのだと思いますが、ちょっと目を離したら部屋と部屋の間に行き倒れのように寝ていました。あと2メートルで布団にたどり着くのに、その手前で力尽きたのでしょう。絵本に出てくる疲れて倒れてしまった旅人のように、手を上に伸ばし足は走る格好で倒れているのには、私も驚きました。でも本当に頑張っているのだなと、心から思いました。それで布団まで両手を引っ張って連れて行って寝かせたことが、何度かありました。

受験の最終局面は、何がなんでも合格したいわけですから、なんでもありです。そのときに耐えられるように、低学年のときにはメリハリをつけた生活をし、睡眠を最重要視してください。

第5条 鉛筆とお箸の正しい持ち方を教える

鉛筆とお箸の正しい持ち方は、小学校入学までに教えるといいのですが、遅くても小学校低学年のうちにマスターさせましょう。**間違えたクセがつくとあとで矯正するのが大変ですから、鉛筆とお箸は基本的に持ち始めたら、最初からきちんと持たせてください。**子どもははじめに何も言わないと持ちやすいように持ちますので、握り箸のようなことをしがちです。でも、そのラクな持ち方を許してしまうと注意してもなかなか直りません。

鉛筆が正しく持てないと、入学試験の答案用紙に解答を書くための程よい大きさの文字が書けません。自分が書いた文字が見えなくて、手元をのぞき込んでいるような子どももいます。そのような持ち方だと、姿勢は悪くなり視力にも影響します。

また、お箸の持ち方を間違えていると、食事をしている姿が非常に見苦しいということになります。大人になったら、食事の場面が多くなります。一緒に食事をしていても、あまりにも変なお箸の持ち方をしている人ですと、その人がどんなに素晴らしい考えの持ち主でも、お箸が気になってその考え方を正当に評価できません。世の中というのはそのようなものです。しかも、鉛筆もお箸も、両方とも本人ではなく「親の責任」です。親はいったい、どのような家庭教育をしたのだろうか、となってしまいますのでしっかりしつけないといけません。

ゴルフ、バイオリンなどスポーツや楽器も、まず姿勢が良くないといいパフォーマンスができないと聞きました。やはり、良い姿勢を獲得するには指導者に努力と根気が必要ですね。

まず、大人用の鉛筆やお箸では大きくて子どもには不適なので、子ども用の鉛筆とお箸を用意しましょう。子どもの手は小さく、指も短く関節がまだ固まっていませんので、それに合うものを用意し、年齢が上がるに連れて買い替えなければなりません。面倒かもしれませんが、身につけた作法は一生ものですから、気合を入れて頑張ってほしいです。これは親にしかできないことですから。

わが家では、4人とも1歳頃から公文式の教室に通っていました。公文で販売している6Bの柔らかい太めの幼児用の鉛筆を使っていましたが、1歳児にはちょっと長いため、のこぎりで半分の長さに切りました。道具は、体の大きさに合わせて使いやすくしなければ効果は期待できません。

正しい鉛筆の持ち方を身につけさせたくて、普通の鉛筆を持てるようになったとき、矯正器具をつけました。ひとつの矯正器具をいちいちつけかえるのは面倒なので、たくさん買って、すべての鉛筆にセットしました。矯正器具をつけると意外と持ちにくく長い期間は使いませんでしたが、鉛筆の正しい持ち方は身につきました。

鉛筆の持ち方の基本は、人差し指と親指ではさみ中指に寝かせるという体勢で鉛筆を動かしますが、そのとき、人差し指と親指の関節の動きがポイントになりますからトレーニングが必要です。ここで気をつけなければならないのは、人差し指と親指で鉛筆をしっかり持ったまま、字を書くのに手首を動かして書いてしまうことです。そのような書き方をしている子どもの手を見ると、手首を忙しく動かすので利き手が暴れているように見えますから、すぐにわかります。ぜひ、子どもの手元をじっくり観察してください。

間違った持ち方をしていると、書くのが遅くミスが多いだけではなく、手首が動いて疲れてしまいます。小学校高学年になってから慌てて正しい持ち方にしようと思っても、矯正するのには時間がかかります。ですから、遅くとも小学校の低学年までには正しい持ち方を身につけさせましょう。

お箸の持ち方も、子どもたちが幼い頃に徹底して教えました。お箸の正しい持ち方を指導しているNPO法人国際箸文化協会のパンフレットを取り寄せて、私自身の正しい持ち方を確認したうえで、それぞれの子どもの手に合ったお箸を購入しました。

お箸の持ち方だけではなく、食事をするときの姿勢や食べ方などのテーブルマナーについても、子どもたちが幼い頃からかなり注意しました。いずれ子どもたちが生まれた家を出ていくときに恥ずかしくないよう、教えこむということです。

第6条 絵本や国語の教科書を読んであげる

小学校入学前からお子さんに絵本の読み聞かせをしてあげていた親ごさんは、小学校入学後も引き続き、読み聞かせをしてあげてください。今まで読み聞かせをあまりしていなかったら、今からでもぜひ読んであげてほしいですね。

絵本の読み聞かせをしようと思ったとき、どの絵本や本を読めばいいかは本当に悩みますが、ぜひ参考にしてほしいのが、「くもんのすいせん図書一覧表」です。検索エンジンにこのキーワードを入力して検索すると、表が出てきます（https://www.kumon.ne.jp/dokusho/pdf/suisen.pdf）。

一覧表は、5A、4A、3A、2A、A、B、C、D、E、F、G、H、Iの13段階に分かれています。Aが小学校1年生、Bが小学校2年生対象と順に並んでいます。各ランクともに50冊ずつ紹介されています。私も子どもたちにBまでの絵本や児童書は全部読み聞かせをしました。名作ぞろいですから、親もお子さんと一緒に絵本の世界を楽しめます。

小学校低学年の子どもは経験が少ないので、絵本や本を読んであげるといろいろなことを疑似体験できます。 また、絵本は絵があるため、書かれている文章をイメージしやすく、登場人物の心理を考える練習になります。読解力はすべての科目の基礎になりますから、易しい文章から順に力をつけていかなければなりません。初めは、絵本、次に字の少ない本と徐々に段階を上げながら読み聞かせをし、最終的にはひとりで黙読して問題が解けるまで、読解力のレベルを上げていくといいです。

黙読で理解できるようになると、将来の中学受験にも役に立ちます。

読み聞かせでは、とにかく内容を楽しむことが大切です。読みながら、文字を覚えてほしいと思うのはNGです。親子ともに内容や文章を楽しんだり味わったりすることが、より豊かな読解力を育む元になるのです。読み聞かせの時間が一層楽しいものになるよう、声色を変えるなどの工夫も効果的です。

学校で配布される国語の教科書の本文を、絵本のように読んであげるのもオススメです。途中の説明文や質問などは読まなくても構いません。教科書の内容は、実は非常に面白く作られています。でも、学校の授業になった途端に面白さがなくなるのは、そのあとのテストなどのためでしょうか。まず教科書をもらったら、1週間以内に本文をすべて読んであげましょう。教科書1冊で、1年か半年は授業をしますから、あらかじめ読んであげていると子どもは安心して授業を受けられます。前もって内容を知っていたら、授業が面白くなくなるのではないかと心配する人もいますが、授業で初めて内容を知るのは不安の方が大きく、知っている内容を詳しく授業で習う方が理解も深まります。教科書に載っている文章が一部分なら、出典を見て、その本を図書館で借りたり、購入したりして、最初から終わりまで読んであげると、物語の世界がさらに広がります。

子どもが小6のとき、向田邦子のエッセー、「手袋をさがす」がテストに出題され、その問題の設問をすべて間違えたことがありました。働く女性の微妙な心理を問う問題でしたが、その女性の気持ちが理解できなかったようでした。よく考えてみると、子どもはどうやら自分の母親が専業主婦なので、世の中の女性はみんな専業主婦だと思っていたらしく、その感覚で答えて間違えたということがわかりました。そのとき私は、子どもはやはり狭い世界で生きているのだなあと改めて感じました。それならば、まだ子どもたちが知らない世の中のことを話してあげる必要があると思いました。それをきっかけに、塾のテキストなどをなるべく読むようにしたのです。

読むときは、登場人物になりきって、声色を変えて読んであげると、理解しやすいのではないかと思い、かなり工夫しました。読みながらこの内容は子どもは知らないだろうなと思うことは、詳しく説明もしました。そうこうするうちに、子どもの一般知識も増えたようで、テストでも点数が取れるようになりました。私の声を通して、人生の経験値を高められたということでしょうか。

小学校低学年のお子さんには、ぜひ絵本や国語の教科書を読んであげてほしいですね。そのあとは必要だと感じたときに、読んであげましょう。

第7条 お母さんは聞き上手になる

国語の成績が気になり始めたとき、はじめに取り組むのは「漢字」「ことわざなどの知識分野」です。そのような知識が増えてきたら、文章を読む実力もついてきます。学年が上がって増えてくるのが、国語では記述問題ですが、得意な子どもは非常に少ないと言えます。国語が得意という子どもでも「どうしても記述問題の点数が取れない」という子は多いですね。いわば、記述問題は国語の「ラスボス」です。

記述問題は、問題集を解いて採点をすると、模範解答があまりにも立派すぎて「こんな答えはとても書けない……」と挫折するパターンが非常に多いのです。模範解答は、実力のある大人が考え抜いて書いていますから、そのような素晴らしい答えなど小学生が書けるはずがありません。記述問題の答え合わせは、子どもの答えと解答が、親が読んでみてあまりにもかけ離れていなければ「そこそこOK」とします。そして、模範解答を声に出して読んであげてください。子どもは「ふーん、そう書けばいいのか」と思いますので、それで大丈夫です。

そのときに、解答を子どもに読ませるのではなく、親の声で読む方が効果的です。解答はそれ自体そもそもよくできた文章なため、子どもがひとりでは理解するのは難しく、字面だけ読んで終わりということになりかねません。

低学年の頃は、まず文章を書かせると国語が嫌いになります。低学年はもちろん、子どもはずっとお母さんとお話しするのが大好きなのです。それがいつの間にか話さなくなるのは、一体どうしてでしょうか？　お母さんは、子どもが話しかけてきたときには、何をしていても耳を傾けて話を聞いてあげてください。子どもは、間違った考えや変なことを楽しそうに話しますが、「へー、それは面白いね」と言いながら聞いてください。決して「何？　その話変だよ、間違っているよ」とは言ってはいけません。子どもは面白そうにしているお母さんが大好きですから、子どもにドンドンしゃべらせるお母さんでいてほしいですね。

実は、よくしゃべる子どもは、文章が書けるようになるのです。少し大きくなって国語の問題を読んで「太郎君はどこにいたの？」「花子さんは何をしていたの？」「それはいつだったっけ？」というような質問をお母さんがします。子どもは、文章の内容に沿って話しますから、話した内容を書かせてみたら記述になります。字数などはあとで考えたらいいのです。ですから、記述が得意な子どもに育てるには、お母さんが「聞き上手」になるのが一番の早道なのです。「うちの子は作文が苦手で……」という話もよく聞きますが、作文も記述問題と同じです。

子どもは、家に帰って、その日学校であった出来事をお母さんに話したいと思っていると、周りで起きる出来事をよく観察するようになります。また、わかりやすく伝えるための言葉も考えますから、お母さんはそれを愛情たっぷりの相づちで応えてあげてください。**子どもは楽しく聞いてくれる「聞き上手」の相手がいれば「話し上手」になり、「作文」も「記述問題」も得意になります。**

お母さんの返す言葉や相づちによっては「もうお母さんには絶対話したくない……」と思ってしまいますから、子どもにかける言葉には慎重になるべきです。特に小さな子どもは空想小説のような話をしたりしますが、決して否定はせずに面白がってくださいね。そのようなかわいいことも大きくなったら二度と言いませんから。

お子さんが低学年の頃から、お母さんが聞き上手になって、いい話し相手になっておくと、その後もコミュニケーション不足になることはありません。受験のときには、志望校について相談する場面がありますが、そのようなときにもなんでも話し合える関係でないと、親子で腹の探りあいのようになってしまうのです。高校受験、大学受験でも同じです。そういう状態になるといい話し合いはできず、全力で受験に挑めなくなりますから、聞き上手なお母さんであり続け、子どもの受験をサポートすることが大切です。

第8条

敬語の使い方を教えてあげる

小学校の先生、習い事の先生には、「教えていただく」のですから、言葉遣いには注意しなければなりません。何かを教えていただくわけですから、それなりの態度と言葉遣いでなければなりません。それが学ぶということに対し畏敬《いけい》の念を持つことであり、学ぼうとする謙虚な態度なのです。

最近は、先生にタメ口を使う子どもが増えているようですが、お母さん自身が敬語をうまく使えていないのではないでしょうか。子どもは親の話し方を真似しますから、まず、親が正しい敬語を使うように気をつけましょう。

また、先生自身が友達感覚の先生をよしとし、子どもたちが先生をあだ名で呼んだり、気楽な言葉遣いをしたりすることが許容される場合も多いのですが、私は、それではけじめがなくなるのではないかと心配です。大昔は、怖い先生が多く、話すこともできないという時代もありましたが、そのような時代への反省もあるのでしょうか。

しかし、今では少し崩れすぎているのではないかと思います。

私は、子どもたちに先生に対しては敬語を使うようにと言っていました。

敬語は、家で体系的に教えるのはなかなか難しいのです。親がときどき普段の生活で使って見せるくらいしかできません。私もどのように説明しようかと思っていたところ、子どもたちは小4のときに中学受験塾の国語の授業で詳しく習ったようです。テキストを見てみると、非常に正確に理論的に学ぶようになっているのに驚きました。しかも、テストまであるのできちんと身につくように学べます。社会人になったら、日常生活で敬語をきちんと使うことを求められますから、就職のときに付け焼き刃で覚えてもすぐにボロが出ます。やはり、しつけとして子どもの頃から学ばせるのがいいですね。**学校によっては入試に敬語を出しますから、幼い頃から敬語を教えてあげることが、中学受験に役立つ場合もあります。**

第9条 算数は公文やワークブックで計算力を鍛える

大学受験を前にして数学の点数が取れない高校生は、中学の数学の理解が不十分です。中学の数学の点数が取れない中学生は、小学校の算数の理解がいい加減で計算力が不十分です。小学生で算数がどうしてもわからないという子どもは、一桁の足し算が瞬時にできません。**一桁の足し算を前に、ほんの一瞬でも考えるようではダメです。本能的に答えが浮かぶようになるまで、トレーニングをする必要があるのです。**一桁の足し算が算数と数学の礎になります。そしてこれが小数、分数、四則計算、四則混合の計算などに続きます。

とにかく、小学校の間に習う計算は徹底的に鍛えることです。やり方を考えるようでは練習が不足しています。この小学校のときの計算学習のいい点は、教えられない親がいないことです。家庭で十分鍛えられますから、その後の算数や数学のために保護者の方にはがんばってほしいと思います。

第10条 子どもが勉強しているときには、親はそばにいる

わが家には子ども部屋はありません。リビングに、4人の勉強机を並べました。そのリビングにはテレビはなく、本棚、コピー機、コタツなどが置いてあります。要するにリビングが勉強部屋になったということです。コタツで食事をして、終わったらコタツの上を片付け、その後コタツで勉強することも多かったです。私もリビングの隣にあるキッチンで食事の用意をしたり、コタツで新聞を読んだりしていましたから、いつも4人の子どもと私は同じ部屋にいるという状態でした。

自分ひとりで新しい事柄を覚えたり、問題を解いて答えを出すという行為の繰り返しである「勉強」という作業は、実は非常に孤独なのです。それで、子どもはすぐに漫画、スマホ、ゲームなどに逃避するのです。そのため私は子どもたちを孤独な状態にしないように、勉強部屋は作らずリビングでみんなで勉強する状態にこだわったのです。

みんながシーンとして勉強机に向かっている姿は、壮観でしたね。家中の空気がピンと張り詰めている感じでした。そばで新聞を読んでいる私も、音を立てないように静かに紙面をめくっていました。子どもたちは年齢が違うので、勉強が早く終わった子はお風呂などをすませ、順番に隣の部屋で寝ていました。

私は、リビングでひとりでも子どもが勉強しているときは、必ず一緒に起きていました。全員が寝るまで、私が先に寝ることはありませんでした。中学や高校の定期テストのときなどは、夜食を作ったり、暗記を手伝ったりしました。リビングを勉強部屋にして本当に良かったと、子どもたちも言っています。子どもに勉強部屋をひとり一部屋与えて、子どもがその中で何をしているかわからないのでは、親は子どもの人生に責任が持てません。

子どもをいつも見守り、子どもの様子を見ながら、明るく声かけしていくことが大切だと思います。わが家では、私がそばにいた方が眠くならないし、勉強がはかどったようです。リクエストに応じて夜食を作ったりもしました。

第11条 九九は歌って覚える

小学校に入学して最初に勉強についていけなくなるのが、小2で習う九九だということは昔から聞いていました。小2で九九を教えるときは、まず2の段で理屈を教え、この後九九を覚えさせるのです。それから3の段、4の段と進んでいきます。ある学校では先生の前で2の段をきちんと言えたら、先生が作った「九九カード」にハンコをもらえるというシステムでやっていると聞いたことがあります。2の段の次は、3の段となり、また先生の前に列を作って九九を言い、ハンコをもらうのです。この調子でやっていくので、9の段が終わるのは半年後と聞いて驚きました。私は、そこまで時間をかけることなのかと、疑問に思いました。しかし、九九の覚え方が不十分なため、中学校で苦労している生徒もいるという現実もあります。やはり、九九が小学校の第一関門であるのは間違いありません。

九九の理屈というのは、「2＋2」と「2×2」の違いを考えるとわかりやすいのです。両方とも2がふたつ並んでいて答えが4で同じだけど、意味は全然違うというものです。「りんご2個とみかん2個を合わせるといくつ」というのが「2個＋2個」。「2枚の皿に2個ずつのりんごがのせてある」というのが「2個×2皿」。これが、足し算と掛け算の違いです。この理屈を教えているのが学校の先生です、しかし、理屈より2の段から9の段まで覚えるのがはるかに大変なので、なるべく早く一気呵成《かせい》に暗記させることが大切なのです。「門前の小僧習わぬ経を読む」というように、難しいお経もとりあえず覚え、そのあとで内容を教えてもらう方がいいのと同じで、九九もまずは暗記なのです。

わが家は公文の先生に勧められたこともあり、早く九九を開始しました。

4歳の長男と3歳の次男が公文の教室に通っていたある日の帰り（三男は生まれたばかりでした）、車の中で童謡のかわりに、先生から貸していただいた九九のカセットテープをかけてみました。

そのテープの歌が楽しく、2の段から9の段までメロディーが違うのです。それが、長男と次男に大受けし、2人はノリノリで大合唱を始めました。その日は渋滞していて帰宅するまでに40分ぐらいかかりましたが、その車中で長男と次男はずっと九九の歌を歌い続け、自宅に着いたときには完璧に覚えていました。私は、40分で覚えたことにさすがにびっくり！　なんだ、九九って苦労して覚えるものではないのだと認識しました。

もちろん、まだ幼児ですから意味はまったくわかっていません。**小学校で九九を習うときには「勉強」になりますが、幼児のときの九九の歌は、「ぞうさん」の歌と同じなのです。**

九九は小2で習う前に、九九のＣＤに合わせて楽しく歌いながら覚えさせてしまいましょう。ＣＤも色々な種類が出ていますから、子どものお気に入りを選んで聴くといいですね。

第12条 できるだけ実物を見せ、経験させる

前著『私は6歳までに子どもをこう育てました』で、乳幼児期にたくさんの絵本を読んであげたと書きました。

それらの絵本に出てくるクマ、キツネ、オオカミ、ライオンなどの動物のホンモノを見せてあげたくて、お休みの日には、大阪市の天王寺動物園によく出かけました。

子どもたちは絵本に出てきた動物たちのホンモノを見たときには「これがクマさんかー」といった感じで、ビックリしながら喜んでいました。動物園は、動物たちのニオイもリアルでそれもいい経験になりました。**好奇心旺盛な子どもたちは何を見ても喜び、感動しますから、できるだけ色々なものを見せてあげてほしいですね。**

大学受験の英語のリスニング問題で、ふたりの男性の会話を聞き取って答える問題がありました。その問題は、「動物で鼻は長く、耳は小さいものはどれか？」というもので、選択肢は4つあり、4種類の動物の絵が載っています。《①象　②カピバラ

③ミーアキャット　④アリクイ》ですが、絵を見て選べばいいとはいえ、カピバラ、ミーアキャット、アリクイなどを全然知らないとやはり焦りますね。さすがに象は知っていますが、象は鼻が長いが耳は小さくないので正答ではありません。答えは、④アリクイなのです。これは、動物園に行っておく必要ありですよね。

もう1問ご紹介しましょう。これも、大学の英語のリスニング問題で、またふたりの男性が会話しています。話をまとめると「ひとりの男性は、遊園地にいるが速い乗り物が嫌い、高い乗り物にも乗りたくない、と言っている。さて、この男性が乗った乗り物は？」というものです。解答は、《①空中ブランコ　②ゴーカート　③メリーゴーラウンド　④観覧車》の4つのイラストから選びます。要するに、①は速くて高いから×、④は高いから×。②が微妙ですが、スピードが出るということらしく×。結局、答えは③のメリーゴーラウンドということでした。これも、遊園地に行って乗ってみないと、それぞれの乗り物は実感できませんね。動物園、遊園地、博物館、美術館、植物園など、行けるところにはなるべく行って体験しておきましょう。

中学受験や大学受験で国語の問題を読んだとき、そこに書かれている言葉や事柄を知っているかどうかで、問題の解きやすさが変わってきます。子どもは経験値が低いので、受験勉強が忙しくなる前に色々な経験をさせてあげるといいですね。

私が住んでいる奈良は、平城京があった古都ですから、社寺や遺跡がたくさんあります。東大寺をはじめとするさまざまな社寺、明日香村の古墳群などにも出かけました。

紅葉の名所、正暦寺に行ったとき、童謡の「まっかな秋」の2番で歌われていたような真っ赤なカラスウリを見つけました。すぐに子どもたちに教えると、「カラスウリって、これかー。本当に真っ赤だ！」と感動していました。赤でもいろいろな赤がありますから、カラスウリの赤さは実際見なければわかりません。言葉で知っているものを実際に見ると、感動して記憶に残りやすいです。

小学校低学年のときには、星座盤を持って晴れた日に本物の星空を見ました。「台風一過」といいますが、台風が去った次の日は星空がいつもより透き通ったようで本当にきれいなのです。「台風一過」という言葉は、文学作品にも使われますので、一度は経験させてあげたいものです。

いつも、机の前で覚えたり考えたりしていることは、顔を上げて周りを見回したら、自分たちが生きている世界にリアルに直結しているのだと教えてあげてほしいと思います。

第13条 散歩のおともに植物図鑑

わが家の近くはまだ自然が残っています。子どもたちが小さかったときには、もっと田んぼがあり田植えの季節はカエルの大合唱でした。奈良はため池が多かったのですが、今は農業用水路の設備が良くなって、ため池はどんどん埋め立てられています。しかし、わが家の近くにはまだ中くらいの大きさのため池があり、季節になるとウシガエルの鳴き声が聞こえてきます。ため池の土手には色々な花が咲き、春にはツクシが顔を出し、そのあとにはスギナで土手がいっぱいになります。

私は長男が生まれたときから、その辺りを散歩していました。子どもは散歩をしていると、大人が気がつかない足元の小さな草花を見つけます。私は、なぜ子どもはこんな花に気がつくのだろうと思いましたが、子どもは小さいので大人よりはるかに目線が低いのです。

子どもって、本当に面白い特別な世界を生きているのだなと感心しました。大人が踏みつけてしまいそうな道端の雑草を小さな指で取って、「これなあに？」とたびたび聞くので、私も正確に名前を教えたいと思い、散歩には必ず携帯用の植物図鑑を持っていくようになりました。名前がわからない草花に出合うたびに、図鑑の中の写真と見比べて名前を探すのは子どもも大好きでした。図鑑の中の写真と目の前の本物が一致するのには、クイズの答えが見つかったような喜びがあります。

私は、花屋さんに売っている有名な花だけでなく、道路脇にひっそりと咲いている草花にもきちんとした名前があるということを、子どもたちに知ってほしかったのです。その何年かあと、中学受験塾の理科の授業で、道端に咲いていたオオイヌノフグリ、オオバコなどが、テストに出る大事な花だと知って驚きました。「えっ、あれってそんなにすごい花だったの？」と子どもたちと顔を見合わせました。

図鑑の花の写真と目の前の花を見比べながら、「この花だ！」と、植物名がわかったとき、図鑑の世界がリアルな世界へとつながり、子どもは本当にうれしそうな表情を見せてくれます。

その瞬間、「知る喜び」を味わっているからでしょう。

知識も経験もまだまだ少ない小学校低学年の子どもにとって、世の中は知らないことだらけです。でも、**すべてのものには名前があると知り、世の中の色々なものの名**

前を覚えるのは子どもの人生を豊かにします。

植物は季節によって花が咲く時期が違いますので、四季折々の植物を楽しんでください。親子で日本の四季を堪能する気持ちでどうぞ。

第14条 学習図鑑をそろえる

小学校に入学するまでに、お気に入りの分野の学習図鑑をそろえておくといいですね。わが家では、「小学館の図鑑NEO」シリーズをそろえていました。調べたいことが出てきたとき、いちいち図書館などで借りるのは面倒なので、自宅ですぐに調べられるようにしておきましょう。

図鑑は写真やイラストがふんだんに使われており、小学校低学年から高学年まで楽しめます。「動物」「昆虫」「恐竜」「花」「乗りもの」などさまざまなジャンルがありますので、子どもの手が届く場所に置いておくと、興味があるジャンルのものを自分で見たいときに見られます。何でも「勉強」だと思うと、途端に楽しくなくなりますが、自分が興味のある分野の図鑑を見るのは時間を忘れるほど充実したものになるでしょう。

小学校低学年ですと、写真やイラストを楽しめても、まだ説明文の字が読めなかったり、意味がわからなかったりしますので、そのようなときには親が内容を説明してあげるといいですね。子どもの知的好奇心はさらに刺激されます。

もっと知りたくなったときには、親子で一緒に図鑑を調べて深掘りしましょう。**わからないことをそのままにするのではなく、「わからないことは自分で調べる」という学習習慣を身につけさせるのも大切です。**小学校の低学年のうちに、「自分で調べる」習慣を身につけていると、中学受験の勉強をするようになったときに、調べるのが苦になりません。

第15条 日本史などの学習漫画をそろえる

長男が小学校に入学する頃に、『学習まんが　少年少女　日本の歴史』（小学館）を、全巻そろえました。わが家には漫画を置いていませんので、子どもたちは、「マンガだ！」と大喜びでした。みんなで気楽に読んでいるので、日本史だけではなく世界史の知識もあった方が楽しいだろうと考え『学習漫画　世界の歴史』（集英社）も全巻購入しました。

漫画なら机に向かわずに、寝ころがって気軽に読めます。また、**絵を見てイメージが湧きやすく、「この事件が起きたのはこのようなことが原因で、その結果こうなった」という時代の流れをつかみやすいのです。**

小学校高学年になって社会で歴史を学ぶときに、暗記ものとして年号や人名、事件などを覚えるのではなく、低学年の頃から学習漫画に親しみ、歴史を血の通った人間のドラマとしてとらえてほしいという思いもありました。

「読みなさい」と言われると子どもは読みたくなくなってしまうので、黙って子どもの手が届く本棚に置いておきました。興味を持った子どもが読みたいときに手にしていましたね。子どもの手が届くところに置いて、いつでも読めるようにしておきましょう。

わが家では、学習漫画が中学の社会科の定期テストにも役立ちました。テスト範囲をまず漫画でざっとおさらいしてから勉強すると、絵で歴史の内容が理解できるため記憶に残りやすかったようです。歴史は、教科書と資料集で勉強しますが、起きた事柄の羅列になってしまって、「なぜ？」という視点が欠けてしまいがちです。過去に起きた出来事の因果関係を学ぶと時代の流れがつかめますので、後々の大学入試の小論文形式の問題に役立ちますね。なんと言っても、歴史は人間が考え行動したことの連続ですから、私たちと変わらない生身の人間が主人公だと考えるとより面白くなります。

最近の学習漫画には、科学、医学、古典、伝記などさまざまなジャンルがありますので、子どもが興味を持ちそうな分野の学習漫画を家に置いておくといいです。勉強や読書の前段階として、どの教科も漫画から入っていくと、そのあと授業で習うときにも役立つと思います。

第16条 学校のテストの点数に一喜一憂しない

小学校に行くようになると、わが子の成績がテストの点数や通知表などで、ひと目でわかるようになります。そうなると子どものテストの点数に、一喜一憂することとなり、学期末ごとに通知表が原因で親子げんかになりがちです。しかし、それでは子どもはたまらないでしょう、家に帰るのが嫌になってしまいます。家というのは子どもにとって「心から安心できる場所」でなければなりません。テストというのは、今の段階で何の理解が足りないかを表しているわけですから、叱るのではなく間違えたところを一緒に見直してください。点数で怒ってもお互いに何の得にもなりません。**いい点数でも悪い点数でも、親の子どもに対する態度は常に平静でなければなりません。**たかがテストなのです。子どもを否定するような言葉を言うのは親として気をつけるべきです。要するに、テストの度に大喜びしたり、ガッカリしたりせず、一定のテンションを保つことが大切です。

点数が悪いときにお母さんがガッカリした表情を見せたり、怒ったりすると、子どもは悲しい気持ちになります。点数によっては恐怖を感じビクビクしてしまうでしょう。

テストの点数は、いいときもあれば悪いときもあります。だから、いいときはさらっと「良かったね」、悪かったときは明るい口調で「弱点がわかってよかったね」と、どちらの場合にも淡々と言うようにし、「温かく見守る」スタンスが大切です。

第17条 具体的な言葉かけで、ゴールを決めるとやる気になる

親がかける言葉で一番多いのが、「もっと勉強しなさい」「どうしてできないの」「頑張りなさい」「やる気を出しなさい」というものです。

＊「もっと勉強しなさい」↓何をどのくらいすればいいのか子どもにはわからないのです。こんなことを言われても子どもは困ります。

＊「どうしてできないの」↓わからなかったから、できなかっただけですよね。そんなことを言われても説明できないと子どもは思っています。

＊「頑張りなさい」↓何をどのくらい頑張ればいいのかがわからないのです。

＊「やる気を出しなさい」↓目の前の問題がわからないから、やる気が出ないだけです。子どもは自分が解けそうな問題だったらやる気が出ます。

いずれにせよ、お母さんの声のかけ方が間違えているのがわかりますね。

例えば、5日後に漢字20個のテストがあるとします。そのとき、「5日後に20個のテストがあるから、今日から1日4個の漢字を覚えよう。夕ご飯がすんだあと、7時半から8時までママと一緒に練習しよう」と声をかけてください。そうすると、子どもは漢字を20個覚えなければならないとわかっていても「難しそうだから面倒でいやだな」と思っていたのに、覚える個数は1日4個だし、終わる時間は8時、しかもママがついてくれるから、と喜んでやります。

つまり、**課題とその時間を数字で具体的に示して、子どもに声をかけることです。何をすれば終わるというゴールが目に見えるので、子どもは頑張れます。**

第18条 興味を持っているからといって、点数が取れるわけではない

「うちの子は歴史の漫画が大好き。今のままの興味を持ち続けるのにはどうしたらいいですか？」「子どもが生物の図鑑を隅から隅まで覚えてしまうほど好きなので、それをテストに役立つようにするにはどうしたらいいですか？」という保護者のご質問をよく受けます。

小さいときに子どもが脇目も振らず熱心に図鑑や学習漫画を見ている姿は、親にとって微笑ましいのでしょうね。それをなんとかして、その後のテストの点数や進学する大学の合格に役立てたいと思うのはわからないでもないです。しかし、**興味を持っているのと点数を取るのとは、別物と考えるべきです。**

点数というのは、問題集をやり、間違えた問題を見直しする、そしてその間違いの原因を参考書で確認しまた問題をやってみる、というような地道な努力の繰り返しによって取れるようになるのです。興味を持つ↓正確な知識を学ぶ↓知識を定着させる

↓問題集で定着を確認する↓テストで点数が取れる↓より確実な知識の定着を問題集で確認することを繰り返す↓入試レベルの問題が解けるようになる、という流れになります。この流れの最後までたどり着くのは、そんなに簡単なことではありません。

だから、子どもが興味を持っているからといって野心を持つべきではありません。興味を持っているという状況を温かい目で見てほしいと思います。

第19条

テストでいい点数を取ると、子どもの自信につながる

学校のテストでいい点数を取ると、当然子どもは自信を持てるようになります。テストの点数が子どもに与える影響は無視できません。いい点数を取ったときのやり方を、その後も続けようと頑張ります。「今度もいい点を取ろう」と思い、ますますやる気が出るのです。

何かに対して頑張っていい結果が出るのがうれしいのは、大人も子どもも同じです。前の結果よりほんの少し良くてもやる気が出るのは人間の心理です。その逆で、テストの点数が悪いと自己肯定感が低くなり、やる気もなくなってしまいます。

テストの点数が悪くて、やる気が出ない子どもは、勉強のやり方や点数の取り方がわかっていないケースが多いのです。それをこの子は勉強が苦手だ、能力がないと決めつけるのは早計です。まだ低学年ですから、親が子どものそばで短時間でも勉強に付き合ってみてください。

全部の教科の点数をいきなり上げるのは困難です。まずは得意教科や点数を取りやすい小テストから勉強しましょう。

例えば、出題範囲が狭い漢字の小テストなら、その漢字を何度も書かせて、子どもが覚えてしまうまで親が手伝います。子どもも初めての漢字をひとりで覚えるのはつらいので、そばにいて書き順などを見てあげましょう。**小テストでいい点数を取るのは小さな成功体験ですが、子どもにとっては大きな自信になります。この小さな成功体験を重ねていくことが、12年間の学校生活を続けていくうえで大切なのです。**

点数にこだわるのを悪いことのように考える親もいますが、まずこだわってみてください。まず子どもにいい点数を取らせてみてください。点数というものは、中途半端な理解ではなかなか取れないものなのです。点数に対して、一喜一憂し感情的になるのは間違っていますが、こだわることは大切です。

第20条 習い事は勉強系1、運動系1、芸術系1がオススメ

幼児期から子どもにたくさんの習い事をさせるご家庭もあるようですが、**小学校に入学したら、学校での生活や勉強が大変ですから、習い事は3つぐらいに絞った方がいいでしょう。**

わが家の子どもたちが小学校低学年のときにやっていたのは、公文式教室、バイオリン、スイミング。長女は小1のときに、その3つに加えて、ピアノも習いました。クラスに習っている女の子が多かったため、本人の希望で始めたのです。

習い事は同じタイプのものをいくつもやらせるのではなく、勉強系1、運動系1、芸術系1を選ぶといいと思います。前述しましたが、低学年のうちは、勉強系は中学受験塾ではなく、公文式教室のように、プリントで国語や算数をやるところがいいですね。

体を動かすことは大事ですから、お子さんの好きなスポーツもやらせてください。

好きな運動をして楽しむと、気分転換になり勉強にも集中できます。低学年の頃の運動は、体作りにも役立ちます。

芸術系の習い事で音楽や美術などに親しむことは趣味にもつながり、人生を豊かにします。ただし、子どもが習い事を気に入ったからと、勉強を犠牲にする場合がありますが、それは後々困ることになります。運動や芸術で身を立てられる人は限られているので、その点は親の見極めが大切です。

第21条 よその子やきょうだいと比較しない

小学校に入学するとテストがあり、点数が学校生活につきものとなります。そのため、点数の扱いには十分配慮しないといけません。

いつも、100点満点のテストで50点しか取れない子どもがいるとします。その子どもが、ある日のテストで60点取れ、先生から「頑張ったな」と褒められたので、お母さんに一刻も早く見せたくて、走って学校から帰ってきます。子どもは大喜びで「お母さん！　今度のテストは60点だったよ！」と言います。お母さんは、同じクラスの子が100点を取ったのを聞いていたので「何言ってるの、○○君は100点だったのよ、60点ぐらいで喜んでどうするの！」と言葉を返します。子どもはその言葉を聞いてどう思うでしょうか？　きっと、悲しくて悲しくてたまらないでしょう。

子どもはお母さんにいつもよりいい点を取ったことを褒めてもらいたかったし、喜んでニコニコと笑ってほしかっただけですから。先生には褒めていただきましたけれど、やはりお母さんに褒めてもらいたかったのですよ。

このような場合、「何言ってるの。お兄ちゃんはいつも100点だったのよ」というケースも多いのです。友達やきょうだいと比較するのは簡単です。しかし、比較した途端に、目の前で点数が上がって喜んでいる子どもの気持ちが見えなくなるのです。子育てをしていると、誰かと比べる場面に出合います。比べても何も解決はしないのに、つい比べてしまうのが人情です。しかし、**「比較する」ということは子育てでは絶対にやってはいけません。**

特にきょうだいと比べるのは簡単なので、親は無意識にやってしまいますが、心の中で「比べない！」と何度も強い覚悟をするくらい注意しなければいけません。

子どもは、きょうだいでもそれぞれ個性がありますから、一人ひとりを見て育てましょう。それで、親子の信頼関係が築けるのです。

第22条 ゲームは週末に。依存症に注意

わが家の子どもたちが生まれた頃にも、今ほど発達はしていませんでしたが、ゲーム機はありました。わが家はゲーム機を中学受験がすんだら買ってあげることにしていましたが、家では使わないという約束にしていました。最近、実は私が洗濯物を干しているときにこっそりみんなでゲームをしていたという話を聞きました。もう時効ですけれど、ゲームってそれほど面白いということなのでしょう。現在ではゲームも進化してさまざまな種類があります。2020年3月に任天堂から発売された「あつまれどうぶつの森」は、新型コロナウイルス感染拡大防止対策による「外出自粛」や「休校」もあり、世界中で大ヒットしました。

毎日のゲーム時間を決めているご家庭もあるかと思いますが、まず、決められた時間は守られないと思った方がいいでしょう。30分、1時間などと時間を決めていても、その時間が来たときに、ゲームをすぐにやめられる状況だとは限りません。「今いい

りがちです。

ところだから、もう少し待って」「あとちょっとで敵を倒せるから待って」などとな

子どもの言い分を聞いて時間を延長しても、親が時間だからと言って電源を切っても、結局は親子げんかになります。ゲームを適切に扱うのは非常に難しいというより、不可能に近いです。だから、まず、ゲーム機やスマホを与える時期や与え方をよく考えましょう。

基本的には、ゲームはなくても全く困らず生きていけます。というより、ない方が勉強できますよね。でも、多少はさせてもいいと思うのであればやり方を考えましょう。

私がお勧めするのは、「月曜日から土曜日まではゲームは一切しない。ゲーム機は箱にでも入れてガムテープで封印する。そして、日曜日は朝起きたときから午後5時までしてもいい」とするやり方です。要するに、月～土はゲームはゼロ。日曜日は朝8時に起きたとしても9時間近くもゲームができるので満足するでしょう。

毎日1時間ずつやるのでは、満足感が得られないためだらだらやってしまうのです。依存性のあるものは中途半端なやり方では、制限できません。このように、平日は一切ゲーム禁止となると、子どもも諦めますから、毎日の宿題もきちんとやれると思い

ます。

1週間頑張ったご褒美として、日曜日に思う存分ゲームをやらせてみてはいかがでしょうか？ **飽きるまでとことんやり、週明けには気持ちを切り替え、平日は勉強に集中するといったメリハリのある生活にすることをオススメします。**

第23条 低学年からの塾通いはまだ早い

小学校低学年から中学受験塾に通わせるのは早いと思います。低学年のときに、遊びよりも勉強を優先させると、子どもは楽しくないし、疲れてしまいます。

小1からずっと中学受験塾に通うと、中だるみしたり、嫌になってしまったりするケースもあります。低学年から塾に通っていたのに、その後の成績が伸び悩んだというお子さんも少なくありません。早くから塾に通わせてしまったからこそ、伸びなかったのだと言えます。

やはり、低学年のときに思いっきり遊んでいるからこそ、中学年になったときに気持ちを切り替えて塾の勉強に集中でき、高学年の大変な勉強を乗り越えられるのだと思います。ですから、**低学年のうちは中学受験塾には通わせず、お友達と遊ばせてください。**

一部の中学受験塾では、小学校中学年から入塾したいと思っても、満員で入れないそうです。その場合には、席を確保するために低学年から入塾してもいいと思いますが、オプションの授業は取らず、必要最低限の授業だけにした方がいいですね。低学年から目一杯勉強させると、中学受験までやる気が持ちません。「低学年は遊ばせることが大事」という原則を忘れないでください。

第24条 女の子や早生まれの通塾は早めでもＯＫ

わが家の3兄弟が塾に通い始めたのは小3の2月です。低学年の間は中学受験塾には通わず、習い事がある日以外は楽しく遊んでいました。長女は小1の2月から通いました。

長男と長女は7歳違いで、長男が小6のとき、長女は幼稚園の年中でした。長男と次男は年子なので、2年続けて男の子が小6のときにハードな受験勉強を頑張るのを見て、「男の子は体力があるな」と感じました。それで、女の子はそこまで体力がなさそうなので、受験準備期間を長く取るため、小1から中学受験塾に通わせることにしました。合格に必要な学習量はほぼ決まっているので、早くから準備した方が娘ものんびり頑張れると思ったのです。

娘が小学校に入学したときに、小5の三男が浜学園に通っていて、娘も兄たちを見ていて浜学園が楽しそうと早く入塾したがったので通わせました。一般的に、女の子は男の子よりも体力がありませんので、女の子は早めに塾通いさせてもいいと思います。

23条で「低学年からの塾通いはまだ早い」と書きましたが、早生まれのお子さんをお持ちの保護者の中には、早生まれが中学受験に影響するのではないかと心配される方もいるようです。わが家の次男と三男も早生まれですから、最初は少し心配しましたが、小3の2月からの入塾でも特に影響はありませんでした。1歳頃から公文式教室に通っていたからかもしれません。

早生まれの影響が心配な場合や、幼児教育をまったくやっていない場合には、低学年から通わせてもいいと思います。ただ、**早く通わせる場合には、お子さんが楽しく通っているかどうかをしっかりチェックしてください。**体力的につらそうだったり嫌々通っていると感じたら、低学年のうちは遊ばせた方がいいかもしれません。子どもの様子をしっかりと見ながら、通塾時期を検討してください。

第25条 Q&A
持ち物のそろえ方

Q 持ち物は親がそろえる方がいいか、子どもにそろえさせるか迷っています。

A 幼稚園や保育園までとは違い、小学校に入学すると勉強が始まり、持ち物も増えます。持ち物を親がそろえるか、子どもにそろえさせるかは意見が分かれるところです。

「子どもにそろえさせる」派の人たちは、子どもにやらせることによって、自立心を育てたいと考えているようですが、私は小学生の持ち物は親がそろえてあげる方がいいと思います。

子どもに持ち物をそろえさせて、もし忘れ物をしてしまったら、つらい思い、恥ずかしい思いをするのはお子さんです。小学校生活がスタートしたばかりの頃にそんな思いをさせるのはかわいそうだと思いませんか。

私は、持ち物は親がそろえるべきであり、「忘れ物は親の責任」だと考えています。

小学校低学年のときには、持ち物に名前を書いてあげる、持ち物や洋服を用意する、鉛筆を削ってあげるなど、お子さんの小学校生活を100%手伝ってほしいですね。

このようにお話しすると、「そんなに面倒を見るのは過保護じゃないですか。自分ひとりでは何もできなくなるのではないですか」とおっしゃる方がいますが、そんなことはありません。成長するにしたがって、子どもは自分でちゃんとやりますから、心配は不要です。

子どもの教科書やノートにも目を通し、ランドセルの中もチェックして、できることはなんでもやってあげましょう。

子どもはお母さんがいつも自分のことを気にかけて、世話をしてくれるのをうれしく思っています。小学校1年生からずっとサポートすることによって、親子の信頼関係を築けるのです。

中学受験は「親子の受験」ですから、親ができることはなんでもサポートして、一緒に歩んでいってほしいと思います。

第26条 Q&A

丁寧に字を書かせる

Q 字を丁寧に書かないのですが、注意した方がいいでしょうか？

A 前著『私は6歳までに子どもをこう育てました』でお話ししましたが、6歳までの私の子育ては、子どものやりたいようにやらせ、私は怒ったり、厳しく注意したりすることはほとんどない「ゆるい子育て」でした。私も子どももいつも笑顔でいられる、ゆるーいものでした。

でも、子どもが字を書くときだけは別。丁寧に書かないと、細かく注意しました。子どもが雑に字を書くと、「それ、字じゃないよね」と厳しく言うことにしていました。

文字は最初から丁寧に書かせることが大切です。幼児教育を受けると、子どもは先生や親から、字は丁寧に書くようにと言われると思います。

小学校で新しくひらがなを習う場合には、必ず、「下手でもいいから丁寧に書きなさい」と言ってください。最初が肝心です。「ちょっと雑だけど、書けているから、まあ、いいか」などと親が思ってしまってはダメです。字を書き始めたら、「丁寧に書く」ようになるまで、根気強く言ってください。

「丁寧」とは、心をこめる、時間をかけるということですが、子どもはどちらも苦手です。早く終わらせたくて、いい加減に書いてしまいます。子どもが雑に書いているのに親が注意しないと、子どもは「これでいいんだ」と思ってしまいます。途中から急に「丁寧に」と言っても、なかなか言うことを聞きません。

子どもは親を本当によく見ていますから、いい加減なことをしたときに注意しないと、親の足元を見るようになります。子どもを褒めるときには褒め、注意が必要なときにはしっかりと注意しましょう。

子どもが雑に文字を書いていたら、最初に丁寧に書かせなかった親が悪いのですから、丁寧に書くようになるまで、諦めずに注意し続けてください。小学校の中学年や高学年になったら、親の言うことをあまり聞かなくなりますが、低学年の子どもはまだ素直です。低学年のうちに「丁寧に書く」ことを身につけさせるのが得策です。

丁寧に書くのと同時に、文字の書き順を正しく書くことも重要です。書き順通りに書き、漢字のトメ、ハネ、ハライなども意識して、正しく書いているかチェックして、書いていないときには必ず注意してください。

文字や数字を雑に書くと、問題を解くときに間違えやすくなります。たとえば0と6など似ている数字をいい加減に書いていると、ミスが多くなります。特に「数字の書き終わりは、ハネずにトメること」とうるさく言っていました。

第27条 Q&A
帰宅後の遊び

Q 小学校から帰宅したら、まず学校の宿題をさせて、それから遊びに行かせたいのですが、帰宅後すぐに遊びに行きたがります。

A 小学校低学年では、学校が終わったあと、友達と遊ぶことがとても大切です。「まず宿題をさせてから」というお母さんの気持ちもわかりますが、遊びに行きたい気持ちで頭の中がいっぱいなので宿題に集中できないと思います。それに、みんなが遊んでいるところにいつも遅れて行くのはかわいそうです。

だから、帰宅後すぐに遊びたがるときは、まず遊びに行かせてください。子どもたちは帰る時間が決まっていますから、その時間まで集中して夢中で遊びます。その集中力は勉強するときの集中力につながるのです。思いっきり遊んで帰ってきたら、それから宿題をやらせたらいいのです。

わが家では、小学校の授業が終わったら、夕方5時ぐらいまで友達と楽しく遊んでいました。満足して帰宅したら、夕食を食べるまでの間に学校の宿題をやっていました。

中学受験塾に行くためにお母さんが遊んでいる場所まで呼びに来て、「まだ遊びたいよー」と泣いていたお子さんもいました。できれば、低学年では塾に通わせず、帰宅後には思いっきり遊ばせてほしいですね。

中学年になって塾に通うようになったら、塾がある日は遊べなくなるのですから、低学年のうちは気持ちよく遊ばせてあげましょう。低学年は遊び優先、中学年から塾に通うようになったら塾優先と、学年によって優先順位をつけることが大事です。

第2章

中学年編（9〜10歳）

第28条 親が新聞記事の内容を要約して伝える

家事の合間に新聞を読んで、子どもにウケそうな記事を見つけてわかりやすく話してあげてください。今では、中学入試、高校入試、大学入試、すべてに時事問題が重要視されてきています。変化が大きいこれからの時代を生きていく子どもたちには、社会の出来事の知識が不可欠だという考えなのでしょう。伝えたいと思う記事を選び、お子さんにポイントを話してあげましょう。話すときに、新聞の中の言葉を2つくらい使いながら話すと、子どもの語彙《ごい》力が増えます。

特に、政治や社会問題などは子どもにとってわかりにくいものです。しかし、社会科の問題になったりしますから、何も知らないというのでは子どもが困ります。一般常識は入試には必須なので、少しずつ教えてあげるといいですね。他には読者の投書欄もオススメです。投書欄には老若男女の意見が掲載されていて、小学生の意見もあります。同じ話題でも、世代によって意見が違うと知ることは、子どもの視野を広くします。

私が子どもに伝えた記事で印象に残っているのは、介護疲れで99歳の夫が92歳の妻を刺した事件です。子どもたちは「まじかー」と驚いていました。99歳という年齢は、冷静に考えるとあと何年生きられるのかという年齢ですが、その年であって「なぜ？」と、私も子どもたちと一緒に話し合いました。人間が生きていく難しさ、感情の複雑さ、介護の大変さ、ことの善悪を安易に判断はできないことなど、私なりに思うことを子どもたちに話しました。

子どもの世界は狭いため、現実に起こっているさまざまな問題を話してあげると、経験値や精神年齢が上がり、世の中の出来事を理解できる思考力がついてきます。新聞が役に立つ教科は国語と社会と思いがちですが、今は時事問題が数学、理科、英語にまで出題されています。時事問題で怖いのは、もし知らなかったら試験問題で初めてその内容を知るということです。試験では社会問題をテーマにして、さまざまな形式で各科目に出題されます。そのときに、書かれている言葉や内容、その問題の背景を知っている方がはるかに有利です。わが家の子どもたちのときにも、サミット、地球環境会議、政権交代、新首相の名前などは新聞で押さえていました。

また、中学入試の社会では時事問題を出す学校もありますので、1面のニュースも主なことは、小学校中学年の頃から伝えてあげるといいでしょう。

２０２０年の春からコロナ禍でさまざまなことが起きています。学校の休校、企業の経営悪化、治療のために奮闘する病院関係者、自粛警察、差別問題、政府のキャンペーン、給食や宴会がなくなって生じたフードロス……。新聞記事やテレビのニュースなどを見て、内容をお子さんに要約して伝えましょう。親が世の中の出来事に関心を持ち、お子さんにわかりやすく説明してあげる習慣が大切です。

第29条 読解力のためには、新聞記事は15分読むだけで十分

中学年以上になると、ある程度新聞を読むことができます。興味がありそうな記事を、親が見つけて読むようにすすめるといいですね。毎日15分では少ないと思われるかもしれませんが、4日読むと1時間読んだことになります。1時間本を読むのはなかなか大変ですが、ひとつかふたつの新聞記事を15分読むのは意外と気楽にできます。スポーツや音楽の記事、社会面、投書欄、社説など、なんでもかまいません。興味があって読みたい記事なら、楽しく読めるはずです。どんな記事でもいいので、毎日活字に触れる習慣が大切です。ネットでニュースを見ているという人も多いのですが、ネットの記事はいわば情報で、しっかり読むというレベルのものではありません。やはり、紙に活字という媒体に慣れておく必要があります。

講演会のときなどに、「うちの子は本を全然読みません。国語が苦手です。どうしたらいいでしょうか？」と質問されることがあります。国語が苦手と思うと親はまず

「本を読ませよう」と思います。しかし、今の子どもたちに本を読む時間はあるでしょうか？　理想としてはたくさんの本を読むことでしょうが、現実的ではありません。今の子どもたちは塾や習い事で結構忙しく、本を読む時間はないのです。しかも本というのはひとつのテーマについて書いていますので、読み終わってもそのテーマに詳しくなるだけなのです。それも悪くはありませんが、**受験では幅広いテーマについて知っておく方がいいので、やはり効率よく広く読解力をつけるのなら「毎日15分新聞を読む」のがオススメです。**

本を1冊読み終わるのにはかなり時間がかかるため、本好きでない子どもは途中で挫折しがちです。一方、新聞記事は短く読みやすいので15分という時間を1日のどこかでぜひ作って、習慣にしましょう。毎日活字に親しめば、読解力を鍛えられます。

国語が苦手なお子さんは、経験や知識、語彙力が不足しています。活字に触れることによって、さまざまな世界を垣間見られるだけではなく、語彙力も身につけられます。

よくわからない言葉が出てきたら、親がその言葉の意味をわかりやすく教えたり、一緒に国語辞典で調べてみましょう。親の説明を聞いたり、調べたりすると、子どもの記憶に残りやすいです。

スポーツ欄の記事には、意外と子どもたちが苦手な四字熟語がよく使われています。「臥薪嘗胆《がしんしょうたん》」「我田引水」など、学校の教科書や塾のテキストにもよく出てくる言葉も見つけられます。子どもは、普段は四字熟語は使いませんから、覚えるのに苦労して「こんな四字熟語は本当に使うの？」と言ったりします。でも、新聞の記事に出ているのを見せると、「本当に大人は使うんだね」と思うようです。実際に新聞に出ているのを見ると驚きますから、見つけたら見せてあげましょう。私は、四字熟語に赤のサインペンでマルをつけて、子どもたちに見せていました。

第30条 地理は「るるぶ情報版」で覚える

社会の歴史の勉強には学習漫画が効果的だという話は15条でお話ししましたが、地理は旅行情報誌の「るるぶ情報版（以下、るるぶ）」（ＪＴＢパブリッシング）がオススメです。

子どもたちは奈良県生まれの奈良育ちですから、関西地方の県にはなじみがありますす。しかし、東北や山陰などは親戚もなく、あまりピンと来ないようでした。子どもはなじみのない県は地理で出てきても、なかなかその特徴を覚えられません。とはいえ、社会の勉強として覚えるのは楽しくないので、子どもたちになじみのない地域はその県の「るるぶ」を購入して使うことにしました。

お祭りや伝統工芸品などの写真は、教科書や資料集にも出ていますが、あまり大きくありません。でも旅行情報誌だと、例えば青森のねぶた祭りが１～２ページ使って、どーんと大きく出ています。迫力ある写真は、子どもも楽しんで見るので記憶に残ります。

仙台七夕まつり、秋田竿燈《かんとう》まつりを加えた「東北三大祭り」はよくテストに出ますので、「るるぶ」で東北三大祭りの写真をチェックすると、テストで間違うことはありません。

福島県の三春駒《みはるごま》、石川県の九谷焼など、日本各地の伝統工芸品はかなり多く、覚えるのが大変で、名前だけではまったく覚えられません。「るるぶ」では、きれいな写真が載っていますから、覚えやすいのです。ここは、テストで点数が取れるところなので必ず押さえておきましょう。

旅行情報誌は、その土地の歴史、お祭り、伝統工芸品、特産品、郷土料理などが写真とともに詳しく紹介されているところがいい点です。テストには出ませんが、有名なカフェやかき氷などの写真が載っているので、いつか行けたらこれを食べたいね、などと言いながら見るのも楽しいです。**その土地について詳しく知ることは、中学受験に役立つだけではなく、日本の国土について考えることになり、大人になったときに人生が豊かになると思います。**

第31条 塾は小3の2月に入るのがベスト

お母さん方からよく、中学受験塾に通い始める時期について質問されます。23条でも述べましたが、私は低学年からの塾通いは基本的には早いと思っています。低学年では、学校と塾の両方ですと、心身ともに無理をする場合があります。

一般的なのは、小3の2月からの入塾です。入試まで約3年間塾に通うことになります。わが家の3人の息子たちも、小3の2月から通い始めました。小4のときは週に3回ぐらいの通塾で、塾通いに慣れる感じです。5年になると通塾日が増え、6年生になるともっとハードになります。

中学受験塾は、どの塾も小4から内容が本格化します。受験のためには、小4、小5、小6の3年間の内容が必要です。小5からですと、受験までに2年間しかないので間に合わないということになりかねません。小4（小3の2月入塾）か小3（小2の2月入塾）は、悩むところですね。ご自分のお子さんの性格や状態、地域性などを考えて決めてください。**早めに入塾して最初の1年間は塾のシステムに慣れる助走期間にするか、それとも小4から入ってすぐに走り始めるか、どちらがいいかは保護者が決めたらいいと思います。**

女の子で体力が不安だったり、早生まれの影響が心配だったり、性格がのんびりしていたりするなら、早めに通わせてもいいと思います。

第32条 塾選びのポイント

中学受験塾に通わせようと思ったとき、どの塾にするか悩みます。一度入塾すると受験まで続けてお世話になるのが一番いいので、はじめに入る塾は本当に悩みますよね。**塾にはそれぞれ特色があるため、実際に塾に足を運んでカリキュラムや授業、宿題などの説明を聞き、塾の雰囲気やテキストなどの教材をしっかりと見て、お子さんに合っていると思った塾に決めましょう。**

私は、複数の塾の算数のテキストを取り寄せて、比較検討し、関西を中心に愛知県、岡山県にも教室がある浜学園に通わせることにしました。首都圏でも、東京都と神奈川県に駿台・浜学園があります。

浜学園のテキストを見たとき、基礎問題から徐々にステップアップしていて、その作り方に子どもに対する愛情を感じました。このテキストなら、子どもの知的好奇心を刺激して、学力を伸ばしてくれるとも思いました。また、お子さんを浜学園に通わせていたママ友から「先生が熱心で、いい塾よ」と薦められたことも決め手になりました。

長男は小3の2月から浜学園に通い始めましたが、塾での勉強はとても楽しかったようです。「算数が面白い！」と話し、わくわくしながら塾に行っていました。私は小学生にしては帰りが少し遅くなるので心配していましたが、子どもには何の関係もなかったようでした。テキストも先生の教え方も本当に素晴らしかったからだと思います。塾を楽しんでいる兄の様子を見ていた弟、妹たちも通いたがり、4人の子どもたち全員が浜学園で充実した日々を送りました。

浜学園は、学力によってクラスが分かれていたので、同じ目標を持った生徒が集まって切磋琢磨《せっさたくま》し、学力を伸ばせたようです。授業を受ける生徒の学力が同じくらいなのは、とても効果的です。テストの成績の偏差値でクラスが上がったり下がったりしますが、偏差値が0・1足りないだけで下のクラスに落ちた子がいたのを知って、浜学園の生徒に対する真剣さがうかがわれ、この塾に預けてよかったと思ったこともありました。子どもを本気で育て上げて合格させようと思うのなら、このくらいの厳しさが必要だと思います。

中学受験塾の先生方は受験のプロですから、先生方を信頼してすべてをお任せしました。私自身は、子どもが勉強しやすいように、サポート役に徹しました。親が教える必要はなく、親はサポートしてあげるだけで、子どもの学力は伸びますので、できるだけサポートしてあげてください。勉強を教えられなくても大丈夫です。

90条で紹介しますが、三男の集中力がないように感じて浜学園の先生に相談したときには、的確なアドバイスで集中力がつきました。また、三男が小6のときに、兄2人が灘に通っていることがプレッシャーだったのか、学力はあるのに成績が不安定だったときにも相談に乗っていただきました。きょうだいで同じ塾にお世話になったので、浜学園の先生方はわが家の子どもたちの様子をよく見てくださっていて、その時々に適切なアドバイスをくださいました。

何か困ったことがあったときに、親身に相談に乗ってくれる先生がいる塾を選ぶと、安心で心強いです。お子さんを塾に通わせているママ友からの情報や、入塾の説明をしてくださった先生の熱意なども塾選びのポイントになります。

第33条 親が勉強の計画を立ててあげる

「親子の受験」と呼ばれる中学受験では、最寄り駅や塾への送迎、お弁当作り、宿題のチェック、塾や志望校の入試説明会への出席、模試の付き添いなど、親がやらなくてはならないことがたくさんあります。

それらのサポートの中で特に大切なのが、勉強の計画を立ててあげることです。小学生が、自分で長期的な計画や1週間の計画を立てるのはまず無理です。親が勉強の計画を立ててあげましょう。

34条で説明しますが、まず、中学受験塾の通塾日、塾での学習時間などを記入した1週間のスケジュール表を作りましょう。

4人の子どもたちが通った中学受験塾・浜学園では、授業→宿題→復習テスト、時々模擬テストという流れでしたが、子どもたちは毎日どの教科をどのくらい自宅で勉強すればいいのかがわかりません。ですから、36条に書いたように、勉強する内容を、毎日それぞれの子どものノートに具体的に書いて渡しました。

塾から出される大量の宿題は、前日にすべてやろうとすると十分に考えながらすませることはできません。やっつけ仕事のようになってしまうのです。ですから宿題を満足のいくようにやるためには、計画が必要です。35条にその具体的なやり方を紹介しますので、参考にしてください。

親が計画を立ててあげると、塾がある日、塾がない日それぞれに、子どもは自宅で何をどのぐらい勉強すればいいかを悩む必要なく、勉強に集中できます。

第34条 1週間の帰宅後のスケジュールを作る

中学受験塾に通うと決めたら、1週間のスケジュールを作りましょう。家での時間を上手に使わないと、塾の宿題を効率よくすませられません。塾のない日に、学校から帰ってきて何をするのか決めておく必要があります。子どもが帰宅後迷いなく時間を使えるように、スケジュールを立てておかなければなりません。

1週間の予定を上手に回せると、塾のテストの点数も取れるようになります。スケジュール表は、わかりやすいように色を使って書いておくといいと思います。学年が上がると通塾日や塾での学習時間が変わりますから、新しいスケジュールを作成します。

6年生では、作りながらスケジュール表がびっしり予定で埋まるので、「今年は大変だ」と身が引きしまる思いがしたのを覚えています。

自宅学習は、曜日ごとに帰宅時間から就寝時間までにやるものを決め、国語、算数、

社会、理科、漢字、計算などと記入しました。これで、何曜日に何をやるかが一目でわかります。

36条で詳しく述べますが、毎日の帰宅後の勉強内容については、時間とやる内容を具体的にノートに書きました。

第35条 塾の大量の宿題は、3日に分けてやる

塾の宿題の量が多いときには、提出日の前夜に一気にやろうとしても、終わらないことがあります。宿題が終わらないまま塾に行くと、先生に怒られたり、肩身の狭い思いをしたりして、塾に行くのが嫌になります。また、たとえ宿題を終わらせたとしても、慌ててやると雑になって間違えやすくなるし、見直しをする余裕もなくなります。ですから、宿題を一度にやろうとしないで、数日かけて計画的にやることをオススメします。

わが家では宿題を三つに分け、3日間かけて終わらせるようにしました。さらに、万が一宿題が終わらなかったときのために予備日も設定しました。予定通りに宿題が終わったときには、予備日に難しかった問題を丁寧に見直しました。

例えば、算数の宿題が15問出たとします。算数の授業が毎週水曜日にあるとすると、計画を立てないと、子どもは前日の火曜日の夜にバタバタと15問すませようとします。

しかし、それではよく考えられないし、間違った問題のやり直しもじっくりできません。宿題をいかにきちんとするのかは、実力アップに深く関係します。宿題は、分けてするのが効果的です。

分け方はいろいろありますが、私は3日に分けるといいと思います。子どもは、何が起きるかわかりませんので、ぎゅうぎゅうの予定を立ててはダメです。ですから、土曜、日曜、月曜、の3日間で宿題をすませて、前日の火曜は予備日にし、3日間でやった宿題の間違った問題をもう一回丁寧に見直すことにします。余裕があったら、宿題を全部見直すのもありです。そうすれば、水曜日の復習テストではいい点が取れます。

「3日に分けて宿題をやり、予備日を設ける」と、必ず宿題をやり終えることができ、塾のテストが楽しみになります。

第36条 毎日、自宅学習でのスケジュールの詳細をノートに書いておく

子ども一人ひとりに専用のスケジュールノートを作りました。そのノートに、自宅学習でやる内容をページ数まで細かく書いて子どもに渡していました。よく、「何時間勉強しましたか?」と勉強時間を尋ねられることがありますが、**私は、勉強は時間ではなく、やった内容だと考えています。**

「3時間勉強しよう」と決めて、3時間机の前に座っていたら、それでいいのでしょうか。途中、ボーッとしていても、時間は過ぎていきます。だから、時間ではなく、中身で考えるのがポイントです。例えば、18時から18時30分までは学校の宿題、18時30分から19時は塾の算数の問題集8ページ、20時から20時半までは塾の国語のテキスト7ページなどと、具体的にやる内容を書くのです。

18時から18時30分が学校の宿題の時間と決めていても、集中して取り組み、早く終われば残り時間を自由に使えます。休憩したり、遊んだりできますから、集中して勉

強するようになります。

予定通りに終わらなければ、最後の時間帯の勉強が終わったあとに、終わらなかったものを終わらせます。逆に、最後の予定の勉強が終われば、早く寝られます。

計画を立てるときには、あれもこれもと、いろいろと詰め込んでしまいがちですが、ゆとりを持って計画を立てることが大切です。最初からぎっしりと予定を詰めていると、「あーあ。できなかった」と子どもは悲しく思い、やる気がしぼんでしまいます。

最初は少しゆるめの予定を立て、余裕を持って終わらせることができる量にしてください。毎日、お子さんの学習の様子を見ていれば、その量を終わらせるのにどのぐらい時間がかかるかが、だんだんとわかってきます。解くスピードが速くなってきたら、量を増やすなど、調節するといいでしょう。

もしもその日の予定が終わらなかったとしても、就寝時間が来たら眠らせてあげてください。終わらなかったことは、翌日の予定に組み入れましょう。

第37条 日々の予定には、食事や入浴時間も入れる

前条の帰宅後の予定には、勉強の時間だけではなく、夕食や入浴の時間、就寝時間も書いてください。そのノートを見ながら、帰宅後の時間を過ごします。

就寝時間は、「この時間には寝る」という時間です。眠たそうにしている子どもを無理矢理起こして勉強させる親ごさんもいるようですが、睡眠時間は絶対に削らないようにしなければなりません。**睡眠不足になると、体調を崩しやすいし、翌日の授業のときに眠くなってしまいます。**

勉強するときには集中して勉強し、だらだらと過ごす時間をなくすことが大切です。その日の最後の時間帯の勉強が早く終われば、早く寝てもいいし、決められた就寝時間まで好きなことをして過ごしてもかまいません。その日にやるべきことをきっちりとやる。その繰り返しで学力は伸びていくのです。

第38条 子どもが学校に行っている間に、勉強の下準備をする

限られた時間を、子どもが有効に使えるよう工夫しましょう。帰宅したお子さんが、勉強道具を探したり、鉛筆を削ったりするのは時間の無駄です。子どもにとっても準備をするのは結構面倒なものです。**その準備をお母さんが代わりにやってあげると、子どもはうれしくなり、勉強を頑張ろうという気持ちになります。**

無駄な時間を省き、お子さんのやる気を引き出すためにも、お母さんができる下準備は全部やってあげましょう。お子さんが机に向かったら、すぐに勉強できるよう導いてあげることが大切なのです。

私は、子どもたちが学校に行っている間に、それぞれの子どもが帰宅後にやる勉強の予定をノートに書き、テキストやノート、文房具などを用意。子どもたちは勉強だけすればいいように準備していました。これらのサポートは子どもの睡眠時間確保にもつながりました。

第39条 ノートはまとめ買いして、4人分で100冊ぐらいストック

ノート代を節約して、小さな文字で書かせているご家庭もあるかもしれませんが、小さい文字で書くとミスしやすいです。あとでノートを見直すときも、大きな字の方が見やすいのです。

そのため、わが家では常に4人分で100冊ぐらいのノートをストックしていました。なくなる度に買いに行く手間が省け、家にたくさんノートがあると思えば、けちけちせずに使えます。

私はイオンのトップバリュA罫（罫線が7ミリ幅）をよく使っていました。10冊298円と安いうえ、紙の質もよく書きやすかったからです。残念ながら今は販売していないようです。一般的に、束にして販売しているノートは割安です。**ノート代はけちらず、束のノートを大量買いして、常にストックしておくことをオススメします。**

第40条 塾が忙しくても、学校の勉強をおろそかにしない

中学受験塾に通い、塾の勉強が忙しくなってくると、どうしても塾の方を優先してしまいがちです。しかし、だからといって学校の宿題や行事をおろそかにしてはいけません。塾での勉強は学校よりも進度が速いため、「もう塾で習ったから、学校の授業はつまらない」と言って、いい加減な態度で学校の授業を受けてしまうお子さんもいるようです。ひどい場合には、夜遅くまで塾の勉強をしていて、学校の授業時間を睡眠時間に充てる子もいるとか。

そういった態度はよくありません。私は子どもたちに、「絶対に、『もう塾で習った』と言ってはいけない」と教えていました。

お子さんに「塾で学んでいるから、学校の授業は適当でいい」と言っている親ごさんがいたら、考えを改めてほしいですね。真剣でない態度を取るのは、先生に対して失礼だということを教えてほしいのです。

既に塾で習った内容でも、初めて習うような態度で真摯《しんし》に授業を聞き、ノートをしっかり取るのが、塾に通っている子どもたちの務めだと思うのです。学校の授業はお友達との集団授業なので他の子どもたちの意見を聞けます。授業の切り口やアプローチの仕方も変わるので、深い考え方ができるようになります。塾で習っても忘れていることがあるかもしれないし、教える先生が違うと、新しい発見もあるはずです。

35条で、塾の宿題を計画的にやる方法をご紹介しましたが、学校の宿題も必ずやらせてください。宿題は必ずやらなくてはならないものなのです。両方やるのは大変かもしれませんが、「宿題は必ずやる！」という原則を徹底してください。宿題をやらないことが続くと、やらないのが当たり前になり、手を抜いたり、さぼったりするクセがついてしまいます。学校生活を甘く見てはいけません。子どもは幼いので、そこのところは親がきちんとした態度を取ることです。

また、中学受験に関係ない体育、音楽、図画工作、家庭科などの授業も、しっかり受けるように言ってください。テストも、手を抜かずに勉強しましょう。これらの科目では、生きていくうえで大切な知識や知恵、教養などが身につき、人生が豊かになります。身につけた幅広い知識が、結果として、中学受験に役立つのです。

第41条 塾のテキストと問題集をしっかりやる

長男が小4のとき、理科の市販の問題集を買ったことがあります。塾のテキストをやって、市販の問題集で補強しようと思ったのです。しかし、植物の花の色を答える問題で、塾の問題集の答えは「黄色」、市販の問題集の答えは「薄黄色」と微妙に違っていて、同じ色でも表記が違うだけで子どもは戸惑うことがわかりました。それ以来、塾のテキスト、問題集だけをやるようにしました。購入した市販の問題集は紐でくくって片付けました。

範囲が広い高校受験や大学受験では、さまざまな参考書や問題集が必要になりますが、中学受験は塾のテキストと問題集だけを完璧にやれば、志望校に合格できます。まだそれほど体力がない小学生ですから、塾の宿題をやったり、テストの見直しをしたりするだけでも大変です。他の問題集をやる時間はありません。**あれもこれもと手を伸ばすのではなく、塾の教材だけに絞り、完全にマスターすることを目指してくだ**

さい。**何かをきちんと学ぶためには、シンプルにすることが肝要です。**小学生はまだ幼いので、色々なことを頭に詰め込むと知識が頭の中で散らかり、役に立つものになりません。

第42条 入塾1年目から勉強漬けにしない

通塾日は、学年が上がると増えていきます。塾やクラスによって違いますが、小6のときは模試なども増えて、週によって4日から7日通い、夏休みも数えるほどしかありません。

わが家の3兄弟は小3の2月に入塾し、最初の年は週に3回の通塾でした。塾によってはオプションの授業などもあるかと思いますが、取らなくても構わないと思います。入塾1年目からハードに勉強させて、勉強漬けにすると、塾に通うのが苦痛になってしまいますし、その後の学力が伸び悩む場合があります。

入塾1年目は塾通いに慣れることを重視し、宿題をきちんとやる習慣をつけましょう。1年目はゆったりと塾に通わせてほしいですね。

第43条 4年生までに計算力と漢字力を身につける

できれば中学受験塾に入塾するまで、つまり小3か小4までに小6で習う計算をやっておいた方がいいと思います。小6の分数や小数の四則を迷うことなくできるようにしておくと、塾でスムーズに学べます。そこまでいけそうにないという場合は、遅くとも4年生が終わるまでには、1年先の小5の範囲はやっておくことをお勧めします。いずれにしても、確かな計算力と漢字力は必須なので、必ず身につけさせてください。

塾の算数の授業では、教えることがたくさんあるため、計算を教える時間はあまりありません。計算のやり方は一応学年に応じて教えてはくれるものの、計算力を利用して応用問題を解けるように指導しますから、計算力は自分で高めるしかないのです。計算は毎日繰り返して計算問題を解くうちに速くなります。**計算は算数の基本ですから、速く確実な計算力があると、5～6年生で難しい問題を解くときや、過去問に取**

り組むときにも有利になります。

もちろん、試験時間が決まっている入試も、計算が速い方が絶対に有利です。とはいえ、計算で何より大切なのは「正確さ」です。どんなに速くできても出した答えが間違っていたらまったく意味がありません。正確さを求めて丁寧にやり、正しい答えを出す。そのことを意識しながら練習すると、正確に速くできるようになります。やはり、日々のトレーニングが決め手ですね。

国語の漢字も、新出漢字が出たときに正しい書き順でまずゆっくり書いてみる。初めが肝心です。そして、何度も書いてしっかりマスターします。常にトメ、ハライ、ハネや書き順などを意識して、正確さに注意。漢字の問題で点数を落としたり、記述式問題で内容は合っているのに漢字の間違いで減点されたりするのは、もったいないことです。

第44条 インタビュー形式で記述問題に強くなる

記述式問題が苦手な子どもは少なくないようです。小学生も中学生も高校生も実は大人にとっても、文章を書くのはかなりハードルが高いのです。記述式問題に強くなるために、問題集をさせることが多いのですが、それは子どもにとって苦痛なだけです。効果的に記述力を上げるためには、お母さんがインタビュー形式で質問して答えさせる方法がお勧めです。そのやり方を説明しましょう。

①　お母さんは、前もって本文と質問を読んで解答に目を通しておく。
②　記述問題の本文を子どもが読む。
③　お母さんが、子どもに質問する。

主人公は、太郎君とします。

お母さんは、太郎君の行動について、

「太郎君はどこへ行ったの？」

「それはいつ？」

「そこで何をしたの？」

「なぜ、そんなことをしたの？」

「どんな気持ちでしたのかな？」

といった感じで、5W1Hを意識して、質問してください。


心情が解答のポイントになるときには、「そのとき、太郎君はどういう気持ちになったと思う？」「そんな気持ちになったのはなぜだと思う？」と、子どもに考えさせながら、解答に導いてあげましょう。

質問するときに気をつけてほしいのが、誘導尋問をしないことです。お母さんは答えがわかっているため、つい、「太郎君はそのとき、うれしかったんだよね」とか「太郎君がそんなことをしたのは、○○だからだよね」「こういうことをしたから、太郎君はすごいと思うでしょ」などといった感じで、答えを誘導しがちです。

でも、このように答えを押し付けるような質問をしていると、子どもは「うん。そうだね」と言うだけで、自分の頭で考えなくなってしまいます。誘導尋問や母親の意見を押し付けるような聞き方はやめて、「どう思った?」など、子どもが自由に自分の意見を言えるように質問してください。

お子さんが解答に必要なポイントをすべて口にするまで待って、全部言えたら、「今話したことを文章にまとめてみてね」と言って、書かせてください。書き終わったら、まずは「よく書けたね」と褒めます。その後、解答を参考にして、「ここをこう書くと、もっとよくなるよ」とアドバイスしましょう。

このインタビュー形式での質問を繰り返すうちに、少しずつ記述問題に対する苦手意識がなくなってきます。ある程度書けるようになったら、今度は字数制限を意識します。書きたい事柄に優先順位をつけて、制限字数内にまとめる練習を繰り返しましょう。最後に、模範解答をお母さんが読んであげてください。模範解答はあまりにも立派な文章なので、そのようには書けないのですが、参考になりますから読んでおくことは必要です。でも、その模範回答を暗記させようと思ってはダメですよ。意味がありませんから。

インタビュー形式の目的は、子どもに話させることなのです。しゃべれるようになれば、内容をまとめるのが上手になりますから、書けるようになります。日頃から聞き上手なお母さんになって、日常の会話を親子で楽しむようにしましょう。

第45条 3分考えてわからない問題は解答を見る

中学受験の算数の問題は、学校で習うものより難しい問題も出ます。一つの問題を長い間考えるのは正しいように思いがちですが、小学生はそんなに長くは考えられません。**3分考えてもやり方がわからないのだったら、それ以上考えずにすぐ答えを見る方が賢くなるというのが私の考えです。**

3分間、真剣にああでもないこうでもないと考えたけれど、やっぱり解けなかったとなり、その後すぐに答えを見たときに「あー！ そういうことだったのか！」と、子どもは目の前が開けたような気がします。この「あー！」という瞬間で子どもは賢くなるのです。

これが1時間も考えたら、集中できていませんからそうはいきません。この、「あー！」を何度も経験させることが大切なのです。浜学園の算数の先生に、一問にかける時間をお聞きすると、「長くて7分かな」というお話でした。

第46条 宿題のマルつけ、テストのチェックで子どもの弱点を把握

浜学園では、自宅でやった宿題を採点したものを、授業のある日に提出することになっていました。そして、その日のうちに先生が見てくださり返却されます。コメントがあることも多く、そのコメントは私も楽しみでした。

長男が入塾したときから、すべての科目のマルつけは私がしていました。本人は正しいと思って書いているのですから、漢字などは解答を見ながらでも自分の間違いに気が付かないものなのです。大人の仕事でも、最終チェックは本人がするよりも第三者がするのがベストな手段です。本人は正しいと思い込んでいるわけですから、自分の間違いを見逃してしまう確率が高いのです。

そこで、私は4人ともよほどのことがない限りは私がマルつけをしました。**宿題のマルつけは面倒と思われる保護者の方が多いのですが、絶対にオススメです。お得なことがいっぱいなのです。**

①マルつけしなくていいので子どもはラク、②親はマルつけをしながら子どもの苦手な分野を把握できる、③答え合わせが正確、④マルつけの時間の間、子どもは他の作業ができる、⑤親が子どもの勉強に参加できる、というようにいいことばかりなのです。

子どもも親もウィンウィンです。ひとつ気をつけなければならないのは、ノートのマルつけをしながら、子どもの字が汚いとか、間違いが多いとか、欠点を言わないことです。淡々とマルつけをすることだけに集中しましょう。

子どもたち4人とも、小6までマルつけをしました。マルつけをしてみるとわかりますが、答えを見ながらマルするだけなので時間はほとんどかかりません。家事の合間にできます。

私は、マルつけをするのには、サラサの0・7ミリ、赤インクのボールペンを愛用していました。0・7ミリのボールペンはつけたマルが太めなので見やすいのです。ただひとつの難点は、インクの減り方が普通よりも速いので、私は替え芯をまとめて買ってストックしておきました。

第47条

間違えた問題は、解答ページの答えに赤マルをつける

宿題のマルつけをするときには、間違えた問題と解答の番号には必ず赤マルをつけておきます。そして、ノートと問題集、解答集の間違えた問題があるページに付箋を貼ります。同じページにある問題を4問間違えたら、4枚の付箋がつく訳です。

宿題は、間違えた問題をいかにキチンと見直すかが重要なので、間違い直しをする子どもに、間違えた問題の場所をすぐにわかるようにしておくのが大切です。子どもは、やり直しをしながら、終わったら付箋を1枚ずつ取っていく、というシステムにしていました。これが、付箋がどんどん減っていくので意外と楽しいのです。何といっても見直しは子どもにとって面倒な作業ですから、少しでも遊び心を、という親心です。

つまり、ノートのマルつけをするだけでは、親の仕事は完成ではないということです。**マルつけ→赤マルつけ→付箋つけ→子どもにノート、問題集、解答集をまとめて**

渡す。以上でこの流れは完成です。

子どもがやり直すときに、解答を探すとか、ノートのどこを間違えたのかページをめくって探す、というような作業をさせるのは、親の仕事としては完成度が低いということになります。会社で仕事をした場合、上司や顧客に何かを再確認してもらうというのは、社会人として有能とは言えないでしょう。それと同じ考えですといい仕事ができます。

子育てって、一般の仕事に似ていると思ったことがよくあります。何かをやって成果に必ず結びつける、その際できるだけ時間と手間の無駄を省くというのは、子育てでもビジネスでも同じだと思います。

第48条 何度も間違える知識問題は紙に書いて、家中に貼る

理科や社会の知識問題の中には、なかなか覚えられず、何度も間違えてしまうものがあります。受験は、そのような問題をいかにきちんと覚えておくかが勝負ですから、何としても覚えてテストのときに解答できるようにしておかなければなりません。

私は、子どもたちがなかなか覚えられない知識や重要事項を、A4サイズのリングタイプのノートにまとめました。その中でもまた特に覚えにくいものは紙にマーカーでカラフルに書いて、家中に貼りました。貼るときには、普通の掲載物のように真っ直ぐではなく、少し斜めに貼るのがコツです。壁にきれいに貼っていると、壁紙のようになって注意が行きにくいため、わざと斜めに貼りました。斜めに貼ると気持ちが悪いので、子どもは気になって足を止めて見るため、覚えやすいです。

A4のコピー用紙に書くのですが、コツは1枚に1項目を書くことです。1枚の紙の中にふたつ以上覚えることを書くと、当然字は小さくなります。そして、チラッと

見たときにふたつの事柄が目に入ると覚えにくくなります。

書くときに使うサインペンの色も大切です。黒色で書くと、子どもは教科書も問題集もテストも黒い字なので、あまり反応がよくありません。そもそも苦手で覚えにくいものなのですから、楽しそうに書かれていた方がなじめます。

私は、すべて黒以外でカラフルに書きました。ただひとつ、燃焼の問題で「黒サビ」のときだけ、黒色を使いました。「黒サビ」を赤色で書くと「赤サビ」と間違いますから、一目見て一瞬で暗記できるように工夫しなければなりません。

親がいくら「覚えなさい」と言っても、苦手なことを覚えるのは大変。**親の「なんとしても覚えさせるぞ！」という気概と努力、根気が必要だと思います。**だから、**家中のいたるところにしつこいくらいに貼って、見慣れさせることが大事なのです。**きっとお子さんは大笑いしながら覚えることでしょう。何十枚も紙に書き、家中に貼る時間と手間を惜しまないでほしいですね。

第49条 塾が終わったらスマホを預かる

中学受験塾に通うようになると、連絡手段としてスマホを持たせるご家庭も多いかと思います。

調べものにも役に立つ便利なスマホですが、ゲームやLINE、YouTubeなどに夢中になると、受験どころではなくなります。いったんはまってしまうと、まだ小学生ですから自制できず、子ども部屋や布団の中でこっそりとやってしまい、勉強が進みませんし、睡眠不足になってしまいます。

塾や最寄り駅に迎えに行ったら、すぐにスマホを受け取り、次に塾に行くまで預かるといいでしょう。要するに、通塾用にのみ使わせるということです。

これからは、スマホの扱いが受験の合否を決めると言っても過言ではありません。時間を決めて使わせるということは理屈に合っているような気がしますが、よく考えると実現は不可能ですよね？

そのような約束を子どもとしてしまって、結局スマホが手放せない子どもにしてしまったという保護者は世の中に星の数ほどいます。やはり、子どもの手から円満に取り上げて親が預かるしかないですね。

第50条 子どもの筆圧もチェック

意外と、見逃しがちなのが、子どもの筆圧です。子どもは、一生懸命に計算したり字を書いたりしますから、結構鉛筆を強く握りしめて書いている場合があります。時々、お子さんのノートやテストの解答用紙を見て、筆圧をチェックしてください。**筆圧が強く字が太くて濃いと、消しゴムで消しても文字がうっすらと残ってしまい、計算ミスをしやすくなります。**それに余計な力が入り過ぎて時間もかかるうえ、疲れます。

実は、三男は筆圧が強く、数字を消しそこない計算問題を間違えることがありました。私がよく見てみると明らかに筆圧が邪魔になっています。もう少し、軽く持ったらスラスラと書けるのにと思ったので、注意しました。しかし、本人は筆圧などには気がつかないので、言うことを聞きません。それで、横で私がうるさく言うのはやめて、たくさんの問題を制限時間を決めて解かせてみました。すると、筆圧が強いと手の動きが悪くなり、字を消すのに余計な時間がかかることに自ら気がついたのでしょう。そこそこの量の問題をこなしたら、いつの間にか程よい筆圧になっていました。ちょうどいい筆圧になると、計算ミスも減ったのは驚きでした。

お子さんの筆圧が強すぎないか、消しゴムでちゃんと消せているかについても、よく見てください。筆圧の強さを改善するだけで、ミスは減るはずです。

第51条 志望校の文化祭や体育祭に足を運ぶ

6年生になると受験勉強が忙しくて、志望校を見学する余裕がなくなります。中学年のときに、複数の志望校の文化祭や体育祭を見学して、その学校の立地や施設、雰囲気、文化祭のイベントや展示内容、体育祭の活気、在校生の様子などを親子でしっかりと見ておきましょう。

帰宅したら、お子さんが「進学したい」「進学したくない」と感じた学校と理由、親ごさんの感想を話し合ってみましょう。6年生になって志望校を決めるときの検討材料になります。

憧れの学校がある場合、実際にその学校に行くと、「絶対、ここに入学したい！」という気持ちが強くなり、勉強意欲がぐんと上がります。憧れの第1志望校にはぜひ足を運んでください。5年生になると忙しくなってきますから、行けるとしても2校ぐらい。時間がある中学年のときに、複数の学校を見学しておきましょう。

第52条 Q&A

勉強の先取り

Q

勉強の先取りは必要でしょうか？

A

前著の『私は6歳までに子どもをこう育てました』でも述べましたが、私は、勉強の先取りをするのなら、就学前に3年分くらい先取りをやっておくといいと思います。

入学した時点で、小3までの算数の計算と国語の漢字、小3レベルの読解力をつけておくと授業などで便利だということです。先取りというと、算数、国語、理科、社会とすべての科目で先取りしようとしがちですが、それは時間的に不可能です。理科と社会は、興味のあるところのみ、図鑑や漫画などでのぞいておくぐらいにしておきましょう。先取りとは、余分なことをやっているわけですから、日頃の余力でできないと成功しません。先取りのコツは、シンプルに行うということなのです。

先取りすべきは、算数の計算、国語の読解力（漢字、熟語、知識分野を含む）でしょう。算数の図形は、先取りに向いていませんから、先取りの際には残しておきましょう。計算は繰り返しが必要ですが、図形はそのような訓練は必要ないからです。

小学校中学年になりますと、先取りをしようと思ってもなかなか時間が取れませんし、無理にしようとすると、現在の学年の勉強がおろそかになってしまいます。**中学年になったら、もう先取りのことは考えず、現在の学年の勉強をしっかりとやる方がいいと思います。**中学年は忙しくなりますので、自分の学年と先取りを同列ですると、「アブハチ取らず」になりかねないので要注意です。

特に、お母さんが自己流で子どもに先取りさせようと思っても、うまくいかない場合が多いです。どうしても先取りをしたいのなら、公文式などのシステムによって、算数の計算力を鍛えてはいかがでしょうか。6年生になったときに成績が伸び悩んでいるお子さんは、たいてい計算が遅いです。公文の算数のプリントをやる余裕があればやったらいいと思いますが、余裕がなければ、日々の学校や塾の勉強を大切にしてください。

第53条 Q&A

塾のテストで点数が取れない

Q 学校のテストでは満点取れますが、塾のテストは半分しか取れません。

A 小学校と中学受験塾とでは、授業やテストのレベルが違います。「学校のテストでは満点取れるのに塾のテストは……」というケースはよくあります。まずは、学習レベルがまったく違うということを理解してください。また、塾の上位クラスに上がったら、点数が取れなくなったという話もよく聞きます。同じ塾でも、クラスによって勉強やテストの難易度は違いますので、それは当然のことなのです。

中学受験塾の勉強は、小学校の勉強よりも難しいので、成績が上がるには時間がかかります。まず、親は子どもの苦手な部分を補強しなければなりません。

中学受験塾でのテストの間違いは見直しが必須です。多くの親ごさんは、「間違えたところは全部見直さなくてはいけない」と考えがちですが、間違いが多い場合には、一度に全部見直さないのがコツです。

間違えた問題が少なければ、すぐに見直しが終わります。しかし、点数が悪いときには、間違った問題数が多いので見直しを全部やるとかなりの時間がかかります。子どもは間違えたところの見直しは嫌いなので、長い時間を見直しにかけると勉強そのものが嫌になってしまいます。

まず、間違えた問題を親子でよく見てみましょう。間違えた問題も、間違い方の程度が違います。①まったくわからなかった、②少しはわかっていたけれど、答えまで到達できなかった、③簡単な計算をミスした、④単位だけ間違えた、などなど。まず、③と④の問題は、子どもも間違えて残念だと思っており、見直しも簡単なので、この種の問題から見直します。

例えば、100点満点のテストで65点だったとします。1問が5点なら、7問が不正解です。このときに、まったくわからない問題を理解するのには時間がかかりますから、「もう少しで得点できた」惜しい問題を2問探し出して、それだけを見直しましょう。残りの問題は思い切って捨てるのです。この方法だとすぐに終わるので、見直しが苦になりません。

2問だけ見直して、「この2問は惜しかったね。これができていれば75点取れていたね。次は気をつけようね」と優しく声をかけると、子どもも、「もっと注意していれば、あと10点取れていたんだ。次は気をつけよう」と前向きな気持ちになれます。

見直しをしたからといって、急に成績が上がることはありません。しかし、毎回このように見直していたら必ず成績は上がりますから、慌てず、焦らず、少しずつ見直ししましょう。２問ずつ見直すことを続けていると、５週間後ぐらいには効果が表れてきて、70点、75点を取れるようになります。

不思議なもので、75点取れるようになったら、もう65点を取ることはほぼないのです。75点を取れるようになってからも、惜しい２問を見つけてそれだけを見直す方法を続けてください。90点取れるようになると、２問見直すと間違えた問題を全部見直したことになります。

「完璧にする」という考えは、受験には禁物です。「完璧」を求めると前に進めなくなります。完璧に見直しても、そもそも苦手なところなのですから、忘れる確率が高いのです。簡単なところから見直しながら、少しずつ１００％に近づくやり方が王道です。

第54条 Q&A
入塾後の遊び

Q 入塾後、「友達と遊べなくなった」と、子どもが悲しそうな顔をしています。

A 中学受験は親子の受験であり、親子ともに覚悟が必要です。中学受験塾に入ったら、今までのように遊べなくなることはわかっているはずです。お子さんに「塾に入ったら今までのように遊べなくなる」と、入塾前から言っておきましょう。

子どもが友達と遊べなくて悲しそうな顔をしているのをかわいそうだと思うようでは、親の覚悟が足りません。本当にかわいそうなのは、志望校に不合格だったときです。そうならないように、親は覚悟を決め、全力でサポートしなければなりません。

前述しましたが、勉強の計画を立てる、テストの見直し方法を工夫するなど、親ができるサポートはいくらでもあります。成績が上がってくるとやる気が出て、塾が楽しくなるはずです。勉強のサポートだけではなく、お子さんの好物のお菓子などを用意して、「お疲れ様」とねぎらってあげることも大切です。

わが家では、おにぎりやフランクフルト、から揚げなど、子どもが好きなものを作って、塾の帰りに車の中で食べさせました。
お子さんにいつも寄り添って、勉強のサポートをしてあげてください。

第3章

高学年編（11〜12歳）

第55条 5年生は、塾の授業、宿題、テスト、見直しを繰り返して、力をつける

5年生になると、4年生のときよりも塾での学習時間が増え、学ぶ内容も難しくなります。私も5年生の浜学園のテキストをいただいたとき、中を見て字が小さくなっているのに驚き、より難しくなったのがはっきりと理解できました。**5年生の1年間の頑張りが、6年生の学習につながり、そしてそれが受験につながりますから5年生は頑張りどきです。**

基本的には4年生までと同じで、塾の授業→宿題→復習テスト、模擬テスト→テストの見直しを繰り返します。宿題を完璧にやるのはもちろんですが、テストの見直しを工夫することによって、少しずつ成績を上げていきましょう。見直し方については前述しましたが、間違いが多いときには全部見直さないのがコツ。あと少しで正解できた惜しい問題を2問選んで、見直しを続けていくうちに、少しずつ成績が上がっていきます。

間違える問題が3問以内になることが続いてきたら、全部見直しましょう。成績が上がってくると、見直しが楽になります。間違えた問題はノートにまとめたり、壁に貼ったりして、確実に覚えていきます。

6年生の夏以降は過去問を解きますので、「6年生の夏休み終わりまでに、苦手分野はなくす」という目標を立てて、苦手なところをひとつひとつ確実に克服していきましょう。

第56条 苦手な分野は1週間単位で集中的に克服する

6年生になると通塾日が増え、模試もあり、とても忙しくなります。**5年生の夏休み、冬休み、6年生になる前の春休みを利用して、苦手科目や苦手分野を何とかクリアしておきましょう。**休みとはいえ、塾や学校の宿題などもありますから、苦手なものに使える時間はそんなにありません。

では、どのようにやれば効率的かというと、1週間単位で1科目を集中的にやることです。

今週は苦手な理科をするとします。塾の宿題が終わったあとの苦手分野用の90分を1週間、毎日理科をするのに充てるのです。他の苦手なものは無視します。やるべき宿題をすませたら、1週間寝ても覚めても理科をするのです。今日も明日も明後日も理科をする、ということが大切です。そうすると、昨日の理科が今日につながるのです。昨日の理科の続きを今日すればいいので、頭の中で内容がつながります。これで、初めて苦手科目や分野の理解が深まります。

次の週には、違う科目を同じようにしたらいいのです。そのようにして、何とかして苦手な分野の範囲を狭めていくのが大事です。

第57条 6年生は5つの期間に分けて計画

中学受験塾の学年は、2月にスタートします。6年生は5つの期間に分けて考えて、目標や計画を立てるといいでしょう。

1 苦手克服の期間（5年生の2月～3月）

3月の後半には春休みがあります。5年生の2月の時点で苦手分野がある場合には、わからなくなったところまで思い切って戻りましょう。

何年か前のテキストを読んでもわからないときは、塾の先生に質問して聞きます。塾では6年生ですが、実際はまだ5年生なので、少しだけ心の余裕があります。この時期に苦手分野の克服に力を入れ、うまく克服できると、その後の受験勉強がスムーズに進みます。

2　総復習の期間（6年生の4月～夏休み前）

夏休みが始まるまでに、これまでに学習した内容の総復習をします。お母さんが今までのテスト結果などを見て、押さえるべきことを把握しておきましょう。そして、この期間に覚えていない項目は、ノートにまとめたり、紙に書いて壁に貼ったりして、徹底的に覚えさせましょう。

夏休みまでに総復習が終わっていると、それからの半年間、実力をアップさせ、志望校の過去問題を解く時間に充てられます。

3　実力アップの期間（6年生の夏休み）

夏休みは時間がたっぷりあります。59条で詳しく解説しますが、この時期は確実に有効に使いましょう。塾では新しいことは学ばず、それまでの総復習や志望校対策の授業を受けるのが一般的です。

6年生の夏は、塾はほぼ休みなしです。家族旅行を始めとする遊びの時間はありません。ハードな夏になりますが、この時期の頑張りが半年後に花開くのですから、家族みんなで受験生を応援するという態勢で臨みます。

体調管理に気をつけながら、より高度で実践的な問題にチャレンジしましょう。

4　志望校対策の期間（6年生の9月〜10月）

いよいよ入試まで4か月ほどです。志望校を決めて、過去問を解き始めるといいでしょう。学校によって出題傾向はかなり違いますので、よく調べたうえで志望校対策に力を入れましょう。

過去問の解き方などについては、60条から64条に詳述しています。

5　仕上げの期間（6年生の11月〜2月）

いよいよ本番が間近ですから、体調を整えつつ、過去問を解きながら時間配分なども考えます。なかなか覚えられないことは、94条で紹介する「必殺ノート」で、覚えられるまでひとつひとつ確実につぶしていきましょう。

受験は、満点でなくても合格できます。「全部覚えなければ！」とするのではなく、点が取れる範囲を確実に増やすことです。

第58条 6年生の夏休みまでに不安な部分をなくす

受験が近づくにつれて、苦手分野をじっくりとやっている時間的、精神的余裕がなくなってきます。前条で述べましたように、6年生になるまでに苦手分野、不安な部分をなくすことが理想ですが、それが無理だった場合には、6年生の夏休みまでには苦手を克服しましょう。

まずは苦手分野、不安な項目をノートに書き出してください。どこをいつやるかの計画を立てて、少しずつ苦手を克服します。苦手分野は好きでないことが多いため、苦手分野の勉強は楽しくない場合がほとんどです。長時間苦手分野の勉強を続けていると精神的にどっと疲れてしまいますので、暗記項目などは得意分野と好きな分野をまじえながら勉強させるのがコツです。

不安な部分をなくすためには、わからなくなったところまでテキストや教科書を戻るのが最善の方法です。特に算数は積み重ねの科目なので、基礎がわかっていないと、その先がわかりません。ぐらぐらした土台の上に建物を建てられないのと同じです。

小学校の内容は、積み重ねが多いので、わからないとなると遡ってその部分をやり直すしかありません。早く思い切って戻ることが、結局は近道です。

第59条
6年生の夏は天王山。親が時間割を作る

6年生の夏休みをどう過ごすかが勝負の分かれ目です。夏休みになる前に、ぜひともやってほしいのが夏休みの時間割作りです。

まず、塾の授業、模試などの予定を記入します。それから、起床時間、就寝時間、塾までの送迎の時間、朝食、昼食、夕食、入浴の時間、家庭学習の時間を記入。時間割には家庭学習の教科と時間だけを記入し、具体的に何をするかについては日々考えます。

夏休みの時間割作りは本当に大変でした。浜学園から配布された夏休み用のスケジュール表に書き込んで完成させましたが、作るのに3日かかりました。**夏休み中は、その表をコピーして私と子どもが持っていて常にそれを見ながら、そのスケジュール表に沿ってやっていきました。毎日、その日の24時間を必死に生きたという思い出です。**親子でその日の予定を確認しながら勉強を進め、1日が終わると、日付に×印を

つけました。

夏休み中は、学校がないため、午前0時を過ぎても勉強させる家庭もあるようですが、大切なのは睡眠時間をしっかりと確保し、規則正しい生活を送らせることです。

わが家の子どもたちは小学校があるときには早く起きて、夜は遅くとも23時半には寝ていましたが、夏休み中は基本的に朝7時半が起床時間で、学校があるときよりも少し遅めに起きていました。8時から朝食を取り、塾に行きました。塾での学習時間や家庭での学習時間は毎日違いましたが、勉強は24時までには終わらせ、そのあと入浴してから寝ていました。

6年生の夏休みは勉強漬けの日々が続きますが、この期間の過ごし方で、秋以降の成績の伸びに差が出ます。お子さんの心身の健康を気遣いながら、親子で受験の夏を乗り越えましょう。

第60条

過去問は6年の夏以降にする

過去問は、入試に実際に出題された問題です。受験する中学の先生方が「このような考え方ができる生徒に入学してほしい」というメッセージを込めています。そのため、学校ごとに方針や考え方が違うので、入試問題にもそれぞれ傾向が出てきます。

志望校に合格するには、過去問をしっかりと攻略することが鍵となります。

では、過去問はいつから解き始めればいいのでしょうか。6年生になったら、気分的には解き始めたいところですが、それには無理があります。塾は6年生の夏休みあとにも新しいことを教えますから、全範囲が出題範囲の入試問題を春に解くのは難しすぎます。普通に考えると、9月以降が理想と思われます。

6年生の夏休みの時点で苦手分野がなく、総復習ができているのなら、夏休みから解き始めてもいいでしょう。でも、6年生の夏休みは、ほぼ毎日のように今までの総復習や志望校対策の授業で忙しいため、夏休み明けの9月頃から解き始めても十分間に合います。

どのくらいの量を解けばいいかについては、62条でお話しします。中学入試は1月から始まりますので、12月31日までにはやり終えることを目標にしましょう。

第61条 過去問の解答用紙は原寸大にコピー

過去問集には、解答欄がついています。実際の解答用紙と同じ大きさになるよう、「○％に拡大」と指示がありますので、原寸大にコピーして使いましょう。

お子さんが学校に行っている間に、原寸大の解答用紙をたくさん用意しておくといいですね。

三男は、灘中の算数の解答用紙を自分でパソコンで作り、解答欄の一番上に灘中の校章を入れていました。毎回、過去問を解くたびに灘の校章を見ると、テンションが上がりそうで、いいアイデアだと思いました。

第62条 過去問は6〜7年分解けば十分、不安ならとことん解く

過去問を解いた年数は、長男と次男は6〜7年分、長女は8年分でしたが、三男だけはなんと19年分も解きました。なぜ三男だけこんなにたくさん解いたのかといえば、6年の夏に受けた模試「灘中オープン」で、算数の点数がかなり悪かったからです。

それまでの塾の成績は長男、次男とそれほど変わらなかったので、2人の兄が灘中に通っていることにプレッシャーを感じているのではないか、と思いました。プレッシャーや不安を取り除くために思いついたのが、①過去問をとことん解く、②塾のテキストを復習する、③塾のテストを見直す、の3つの方法です。

この3つのうち、どれにしようかとかなり悩みました。妥当なところは②、次に③でしょう。しかし、子どもは一度やったものをやり直すのは基本的に嫌いなので、②や③ですと我慢してやり直すことになり、子どもとしては面白くないだろうと考えました。

受験生には多少の我慢が必要だと思う人もいます。しかし、我慢をしてやらなければならないものは、やはり楽しくないだろうから、「我慢」は避けようと思いました。私のモットーは「勉強も受験も楽しくなければならない」というもので、それを大事に子育てしてきました。となると、②と③は採用できません。かといって、①の過去問をひたすら解くというのは、中学受験で今まで聞いたことがなく、このやり方を選択するのにはものすごく勇気が必要でした。

9月1日から始めるのに、私が決意したのは8月の終わり。心を決めながら、「これが清水の舞台から飛び降りるということなのだな」と思いましたから、このやり方に不安があったのは否めません。①にすると決めた理由と今後のやり方などを、三男に詳細に説明しました。「過去問を余分にやるために、ママに、1時間くれるかな。11時半に寝るところが、12時半になるけど頑張ろう!」と言うと三男も「わかった」とうなずいてくれました。

そして、9月1日から、19年間の過去問を毎日1時間解く日々が始まったのです。9月の中頃、私は「本当にこのやり方で良かったのか?」と何度か自問自答しました。「9月の中頃だったら、まだ方針を変えることができる。本当にこれでいいのか」という思いが、頭の中をぐるぐる回りました。しかし、前に述べた3つの方針しか思いつかず、何度考え直してもやはり過去問攻略がベストだという思いにたどり着きます。

そこで、「これよりもっといい方法があるかもしれないが、思いつかない。まあ、何もやらないよりいいだろう。一度決めたのだから、もう迷わずに過去問を真剣にやっていこう」と決心し直し、それからは脇目もふらずに突っ走りました。

手始めに、１９８９年から２００７年までの19年分の過去問を４部ずつコピーしました。灘中は1日目に国語、算数、理科、２日目に国語と算数の２日間入試ですから、毎年５種類の問題があります。大量のコピーを前にして、再び多少の迷いが生じましたが、それを振り切り「この大量の過去問をやらせるしかない。これを全部やれば、絶対に受かる」と改めて自分に強く言い聞かせました。このときのことを思い出すと、今でも胸が痛くなります。

コピーした問題と解答用紙は、「１９８９年1日目国語」といったように、年、試験日、科目で分け、問題と解答用紙を折りたたんで、一緒にクリアファイルのポケットに入れました。５種類×19年×４部で３８０のポケットが必要です。科目別にファイルを変えましたから、算数1日目が19年分、それが４部なので、20ポケットのファイルが４冊、それが５種類だから20冊、そのほかに解答用紙を科目別に入れたものもあり、本棚に並べたものは30冊以上でした。

クリアファイルをずらりと本棚に並べると、やらなくてはならない過去問の量が具体的に一目でわかりました。三男とこのずらりと並んだファイルを前に「これを全部すませたら合格するということだね」と話しました。目標を達成するために、「頑張ろう」と言うだけでなく、具体的に征服する対象を目にすることは非常に大切だと思いました。大量の紙の塊を見ることで、やる気スイッチ全開となったのです。最初は莫大《ばくだい》な量でしたが、毎日解いていくうちに、ファイルの中にあった問題が少しずつ減っていくのが目に見えるため、モチベーションが持続しましたね。

灘の入試は1月中旬です。9月1日から作戦を始め、12月31日までに終わる計画を立てました。

1回目は時間を気にせず、1時間で解ける問題だけ解きました。19年分を解き終えたのは11月中旬頃。わからないところは塾の先生や兄たちに質問しました。

2回目は前回間違えた問題に注意しながら、解かせました。1回目よりもスピードが速くなり、12月の初め頃には終わりました。

3回目に解いたのは、算数と理科の問題だけ。国語は長文問題の内容を覚えてしまうから解きませんでした。

入試時間の半分から7割の時間で解くのを目標にして、時間を意識させました。

4回目を解いたのは算数の主な問題だけ。4回目ともなるとスピードも上がり、すらすらと解けるようになりました。結局、4回目は全部解くことはなく、3割くらいで終わらせました。

同じ問題を何度も解くことに対して、「意味があるのか」と思う方がいらっしゃるかもしれませんが、たとえ同じ問題でも早く方針が立つようになり、応用がきく実力が身につきます。さらに、問題を解くスピードも上がります。使用した解法がすべて頭に入るので、とことん解くということは、大きな自信になりました。

三男は12月の終わり頃に、「来年の灘の入試問題を予想できそう」と言っていました（笑）。

私は、一般的には全教科6〜7年分解けばいいと思っています。しかし、得意教科と苦手教科がはっきりとしている場合や、教科によって配点が違う場合には、得意教科と配点が低い教科は数年分、苦手教科と配点の高い教科は10年以上といったように、教科によって年数を変えるといいですね。**何年分やるかを決めたら、12月31日までに終わるよう、きちんとした計画を立てましょう。**

第63条 過去問は合格者平均点を目指す

過去問集には、受験者数、合格者数、倍率、合格者平均点、合格者最低点、合格者最高点といった受験のデータも掲載されています。

合格者最低点を超えれば合格なのですが、その得点を目指すのはかなり危険です。合格者最低点は、問題の難易度によって毎年大きく変わるからです。

合格者平均点は、合格者の真ん中ぐらいです。真ん中にいれば、問題の難易度が多少変わっても、合格圏内にいられます。ですから、合格者最低点ではなく、合格者平均点を目指してください。

受験科目の合計点で合否が決まりますので、合格者平均点を取るためには、どの科目で何点を目指すといった戦略が重要になります。

過去問を何度も解いているうちに、どの科目でどのぐらい取れば合格者平均点を取れるかがわかってきます。小学生がひとりで戦略を立てるのは難しいと思いますので、親と一緒に戦略を立てましょう。

例えば、「あなたは算数と理科が得意だから、どちらも90点以上取ろうね。あまり得意ではない国語は75点を目指そうね」などと、各科目の目標点を設定し、合計して合格者平均点に届いているか調べます。その目標点を取るためには、何が足りないか、何をすればいいかまで考えて、親は戦略を練りましょう。

第64条 選択式過去問の採点は母親がやり、記述問題の添削は塾に頼む

選択式の過去問の採点は、ぜひお母さんがやってください。解答の記号や番号を見てマルつけするだけなので、誰でも簡単にできます。**お子さんが過去問を解いたらお母さんが採点。その間にお子さんが次の過去問を解く、といった流れ作業のような感じで効率よく勉強できます。**

マルつけをしたら、間違えた問題の解答と解説部分を見やすいように色鉛筆で囲み、4、5本薄く斜線を入れましょう。間違えた問題の解説を探す手間が省けて、楽に見直せます。

難関校は記述式問題の出題が多く、その解答が明暗を分けます。記述式問題の添削は、解答例や解説を見ても親がやるのは難しいため、中学受験のプロである塾の先生にお願いしましょう。

第65条 学校説明会に足を運び、親の目でチェック

受験を考えている学校の説明会には、すべて足を運んでみましょう。その学校の校風や雰囲気などが、わが子に合っているかどうか、親の目でチェックできます。

大学の合格実績を誇示する学校は、勉強に力を入れている進学校が多いですね。意外に思われるかもしれませんが、長男が5年生のときに行った灘中の学校説明会では、東大の合格者数など進学に関するお話はありませんでした。「本校は文化祭と体育祭が二大イベントです」と先生がおっしゃって、ビデオを上映。文化祭の「美女コンテスト（女装コンテスト）」はとても楽しそうで、明るい学校だなと感じました。説明された先生も、爽やかなイメージでした。

体育祭は、長男が5年生のときに見学しました。長男は模試で行けなかったため、4年生の次男、2年生の三男、幼稚園児の長女の4人で行ったのですが、生徒たちは元気いっぱい競技に取り組んでいて、「いい学校だなぁ」と思いました。

進学校は、灘のように生徒の自主性を重んじている学校と、補習などが多く、よく言えば面倒見がよく、悪く言えば厳しく生徒を管理する学校があるように思います。お子さんがどちらの校風に向いているか、よく考えてください。灘は基本的に土曜日がお休みだったので、息子たちはマイペースで勉強できました。

キリスト教や仏教など宗教法人が設立した学校は、独特の校風があるため、お子さんに向いているかも確認しましょう。

学校説明会の質疑応答の時間には、気になっていることは全部質問しましょう。そのときの先生の回答も、志望校選びのポイントになります。

第66条 6年生の運動会は休ませない

6年生の秋に運動会を実施する小学校の場合、数か月後には中学受験があるため、運動会を休ませて、勉強させるご家庭もあるようです。実際、「運動会を休ませて勉強させたいと考えているのですが、どう思いますか」と意見を求められることもあります。

勉強が遅れていると、その気持ちはわからないでもありませんが、運動会は休ませない方がいいと思っています。

多くの小学校では、運動会が近づくと毎日2時間ぐらい練習をするようです。体育の苦手なお子さんは、あまり運動会が楽しくないかもしれませんが、6年生は最終学年ですから、出番や見せ場も多いです。子どもたちの記憶に楽しい思い出として残りますから、ぜひ参加させてください。

勉強するために運動会を休んでしまうと、疎外感や後ろめたさを味わってしまいま

す。**ですから、ビッグイベントである運動会は、休まないようにしましょう。**運動会を気持ちよく楽しむためにも、夏休みにしっかり勉強しておくことが大切です。

秋にさまざまな行事がある小学校は多いです。勉強が遅れていて、中学受験が不安な場合、遠足などの学校行事は休ませるのもありだと思います。

第67条
新聞記事を読んで、親子で会話する

中学受験の社会では時事問題が出題されることがあります。6年生になったら、新聞の1面のニュースなどに注目しておきましょう。

長女が小6のときの首相は菅直人《かんなおと》さん。「菅」は草カンムリなのに、竹カンムリの「管」と間違えて覚えていたお子さんもいました。長女は新聞の1面のニュースを読んでいて、大きな字で「菅」と出ているのを何度も目にしていたため、間違えなくてすみました。

2020年9月、菅直人さんの「菅」と同じ漢字で読み方が異なる菅義偉《すがよしひで》さんが首相になりました。中学入試の社会の問題には、「名前を漢字で書きなさい」というものもありますから、人名の漢字は間違えないよう、しっかりと覚えましょう。

6年生になったら、親子で時事問題や読者の投書などについて、お互いの意見を話し合っておくのもいいですね。中学入試では、意見を求められる場合もあります。親

子で会話することによって、子どもが自分の頭で考え、意見を述べる訓練になります。

大学入試改革によって、今後の大学入試は自分の頭で考える思考力、意見を述べる表現力、書いてある内容を読み取る読解力を見る傾向が強くなるようです。中学受験もそのような力を見る問題が増える可能性がありますので、時事問題について、親子で話し合う時間を大切にしてください。

政治や経済などの話題について、父親の方が詳しければ、お父さんの出番です。わかりやすく教えてあげましょう。

第68条 英語は「同時通訳法」が効果的

2020年度から、小学校の高学年で英語の評定が始まりました。

小学校ではあまり長い英文はありませんが、お子さんが英語の読解問題で苦労していたら、ぜひ、サポートしてあげてください。といっても、お母さんが英語を得意である必要はありません。**子どもが英文を黙読するスピードに合わせて、横で日本語訳を読んで「同時通訳」をしてあげましょう。**

最初は、子どもが黙読するペースに合わせて音読するのは、ちょっと難しいかもしれません。でも、「もっとゆっくり読んで」とか、「もう少し速く」などと、読む速さをリクエストしてもらうと、だんだんとほどよいスピード加減がわかるようになります。子どもが英文を読むときに、鉛筆でアンダーラインを引いてもらってもいいでしょう。

そもそも、この「同時通訳勉強法」は、わが家の子どもが東大の英語の過去問の見直しに苦労しているときに始めました。最後の問題文はかなり長いので、「ママが同時通訳するね」と言って、本人が英文を黙読している横で、日本語訳を読みました。わからない単語も「そういう意味なのか」とか「それほど重要な単語ではなかった」などということがわかり、効率よく英文を読み進められました。

親は日本語訳を読むだけですから、英語が苦手なお子さんには試してみてはいかがでしょうか。

第69条 模試で勉強の成果を測る。判定は気にしない

模試の結果が返ってくると、まず判定に目がいく方が多いのではないでしょうか？ 志望校の出題傾向、出題形式に合わせた模試なら、判定を多少気にするのもいいかもしれませんが、特定の学校に特化していない一般的な模試ならば、あまり気にすることはありません。それよりも、志望校の過去問を解けるかどうかの方が大事です。

模試でしっかりと見なくてはならないのは判定ではなく、間違えた問題です。間違えた問題をよく見ると、苦手分野がわかります。高学年になっても苦手分野があるのは不安ですから、学校が休みの期間に集中して苦手を克服しましょう。

模試の結果には、問題ごとに正答率が載っています。必ず正答率をチェックしてください。正答率が5％以下の問題ができていない場合には、あまり気にしなくてもいいのですが、正答率が70％以上の問題ができていない場合には要注意！ 本来は得点していなければならない問題です。間違えたのはその問題がわかっていないのか、わ

かっているのに記入ミスなどのケアレスミスをしたのかを、しっかりと確認してください。

志望校に合格するためには、正答率が70％以上の問題を落とさず、必ず得点し、さらに正答率が低めの問題をできるだけ多く解答することが必要です。

模試は志望校合格のための大切な通過点だと考えてください。間違えた問題を分析し、正答率もチェックして、その後の勉強に役立てましょう。

第70条 願書は2部用意しておく

入学願書は、入試説明会で販売しているほか、郵送でも取り寄せられるのが一般的です。

願書を書くときには、少し緊張して書き損じてしまうこともあります。願書をまずコピーして練習したほうがいいと思います。そして、願書は2部用意すると安心して書けます。心を込めて合格を祈りながら、などと考えて書いていると、人間は間違ったりするものです。

入試の情報、その後の入学金の納入など各学校ごとに違いますから、一覧表などを作っておくと安心です。

長男の中学入試のときのことです。私にとって子どもの初めての中学入試だったので、試験日にちゃんと受けることばかりに気を取られて、合格したあとの入学金の支払いのことを忘れ、危うく納入期限日に遅れそうになってしまったのです。合格を確認したらホッとして、その後のことが飛んでしまったわけです。

幸い、主人が気づいてくれて、慌てて銀行に行き、なんとか間に合いました。入試日と合格発表日は覚えていても、入学金の払い込み期限は忘れがちです。しっかりとカレンダーや手帳に記入しておくといいですね（私もきちんと記入はしておいたのですが……）。合格発表のすぐあとに納入期限日があり、意外とその期間が短いのに驚きました。のんびりしていては大変なことになりますね。

願書を出すのも、入学金を支払うのも、「大安」などを気にせず、とにかく早くすませることをお勧めします。

第71条 家族全員でインフルエンザのワクチンを打つ

わが家には4人の子どもがいますので、誰かの中学受験、大学受験のときには、家族全員で2回インフルエンザの予防接種を受けるようにしていました。

2020年3月頃から日本でも新型コロナウイルスの感染が拡大しています。入試前にインフルエンザや新型コロナウイルスに感染すると大変ですので、例年以上にうがい、手洗いを励行し、鼻や口をしっかりと覆うことができるマスクをつけましょう。子どもたちは、紅茶やお茶でうがいをしていました。

長女はうがい、手洗いの励行に加えて、ウイルス遮断効果が高いとされる「ダチョウ抗体マスク」を愛用していました。普通のマスクより少し割高ですが、見た目も装着感も普通のマスクと同じで、ニオイなどはありません。

わが家では、常に栄養バランスの取れたお料理を作り、子どもたちの睡眠時間をしっかりと確保していました。そのおかげなのか、受験期に風邪を引くことはまったくなかったです。

薬は基本的には飲ませませんでした。風邪はこじらせると大変ですから、「風邪を引き始めたかな」と思ったら、すぐに学校を休ませて、家の布団の中でゆっくりと休ませました。体が温まり、栄養があるお料理を食べさせると、すぐに元気になっていましたね。**風邪予防には、人混みを避ける、マスク、うがい、手洗い、睡眠、食べ物が肝心です。**77条と78条に、風邪予防にオススメの鍋と夜食を紹介していますので、ぜひ参考にしてください。

第72条 受験直前期は、食事の時間に知識の再確認

受験の直前期には、食事の時間も活用しました。子どもたちの食事は30～40分ぐらいかかります。普段はのんびりと食事をさせていますが、直前期には子どもが食事をしているときに、以前間違えた問題の要点をまとめた「必殺ノート」を見せることにしました。

「必殺ノート」の作り方は94条で紹介していますので、ぜひ、作ってみてください。

子どもの隣に座って、私がリングタイプのノートのページをめくりながら読み、子どもは食べながら聞くだけです。子どもがテストで間違えた問題だけを集めているノートなので、私も子どももよく覚えていて色々思い出話をしながらノートをめくりました。

暗記というものは、時間を決めてやるのは非常に効率が悪いのです。決められた時間内に毎日覚えるように努力しても、人間はほとんど忘れますから、「きちんと覚え

る」のではなく、「何度も覚える」というやり方がいいのです。「暗記は隙間時間にする」のが、一番効果的です。その意味で、食事中がベストなのです。

ノートを見ながら、耳から私の声が入ってくるので食べながらでも覚えていました。

毎日隙間時間を使って繰り返すので、時間の有効利用にもなり、知識分野の定着にもつながります。直前期の知識の再確認を、ぜひサポートしてあげましょう。

第73条 受験直前期は、隙間時間も利用

小6の12月ぐらいからは直前期となります。受験直前期だからといって、勉強時間をやたらに延ばしたり、新しい問題集を始めたりするのはやめたほうがいいです。今まで通りに、たんたんと目の前の課題をこなすことに集中すると心理的に安定します。**しかし、覚えていると思っていたものでも忘れていることも多いので、この時期は隙間時間を暗記ものの再確認に使うといいと思います。**

わが家では勉強時間の合間に、94条で紹介する「必殺ノート」を使って暗記を10分はさんだりしました。これがちょうどいい気分転換になったようです。

第74条

受験直前期は、捨てる勇気も必要

何事も最初に立てた計画通りにはなかなか進まないものです。小6の12月になったら、学習の進み具合をチェックしましょう。すべて予定通りで準備万全という場合にはいいのですが、目標がすべて終わりそうにない場合には、やるべきことの優先順位を考えてください。

受験までの時間は限られています。全部が終わりそうにない場合には、優先順位が低いものは思い切って捨てる勇気も必要です。何を捨てるかは、人それぞれ違います。時間がかかる割に点数になりにくいものは捨てて、短時間で確実に点数を稼げるものを優先しましょう。覚えればいい暗記もので失点するのはもったいないので、確実に覚えてください。

わが家の場合、第1志望の灘中の入試は国語、算数、理科の3教科。長男と次男のときには、併願している奈良市の進学校・東大寺学園の入試に社会があったので、社会も勉強しましたが、三男の受験のときに、東大寺学園の社会が選択制になったため、社会の勉強をするのをやめ、国語、算数、理科の勉強に力を入れました。社会をやめたことによって、塾の社会の授業も受ける必要がなくなり、宿題もしなくてよくなりました。思った以上に時間ができ、その時間を他の科目に使えたのは非常に助かりました。受験直前期には入試に必要な勉強に絞ると、かなり効率がよくなります。

第75条 除夜の鐘が鳴るまでに、暗記と苦手分野、過去問を終わらせる

1月からほとんどの中学入試が始まりますから、受験生の家族には華やいだお正月はありません。年が明けると、「もうすぐ入試」という気持ちで焦りが出てきます。**その焦りを少なくするためには、12月31日、除夜の鐘が百八つ鳴り終わるまでに、暗記項目を確認し、苦手分野を克服し、過去問を解き終えることです。**大みそかまでに課題を終えていれば、心穏やかに新年を迎えられます。そのためには、親が計画を立ててあげることが必要です。「入試の数日前までに終わらせよう」と思って計画を立てていると、計画通りに勉強が進まないときには、やるべき課題を残したまま受験日を迎えてしまい、後悔することになります。

6年生の冬休みは、受験生にとっては頑張りどころです。無理のないスケジュールで、除夜の鐘までに課題を終え、気分よくラストスパートをかけましょう。

第76条 直前2週間は、生活リズムを整える

関西は1月中旬に入試を行います。新しい年になってから2週間ほどしか時間がありません。そこで1月はいつもより早く23時には寝るようにしました。**早寝早起きを意識しながらの生活を始めるというわけです。そろそろ、生活リズムを整えた方がいいですね。要はやはり、睡眠です。**

冬休み中や日曜日に、本番と同じ時間割で過去問を解いたこともありました。本番の日の試験科目の順番は、きちんと把握しておかなければなりません。

この時期は、受験生も親も不安になりがちですが、親は、家族が平常心で普通の生活を送れるように心がけましょう。お母さんが不安そうだと、子どもも不安になり家の中の空気感が重くなりますから要注意です。子どもの健康管理に気をつけて、おいしい料理を作り、睡眠をしっかり取らせましょう。

直前2週間に不安を感じたら、「みんな、同じだよね」と言えばいいと思います。

第77条 寒い時期は「手羽先鍋」と「ベーコン鍋」がオススメ

寒くなってくると、受験が近づいてきているのを肌でひしひしと感じます。受験直前期には、今まで以上に子どもの健康管理が親の大切な仕事です。しっかり栄養を取らないと脳が働きませんし、体を冷やして風邪を引いてしまっては大変です。**この時期の夕食は、さまざまな栄養が取れて、体が温まる鍋料理がいいですね。**

わが家では、鶏の手羽先鍋や、豚肉やつくねを入れたちゃんこ鍋、ベーコン鍋を作ることが多かったです。手羽先鍋とちゃんこ鍋には、白菜、エノキダケ、シメジ、ネギなどの野菜、豆腐、シラタキなどを入れて栄養満点。体がほかほかと温まります。

鍋に入れるネギといえば、白ネギが一般的ですが、奈良では青ネギを7センチぐらいに切って入れます。子どもたちはネギが大好きなので、青ネギと白ネギの両方を入れました。

鍋に入れる鶏肉は、もも肉や胸肉、ささみが多いと思いますが、わが家では手羽先を使います。ゼラチン質と脂肪をいっぱい含んだ手羽先を煮込むと、トロトロに柔らかくなってコラーゲンもたっぷり。とってもおいしいですよ。手羽先は煮込めば煮込むほど柔らかくなりますから、よりおいしくなります。わが家の冬の定番料理で、今は東京にいる子どもたちも懐かしく思う味だそうです。

ポン酢は手作りしていました。私たち夫婦の出身地、大分の特産品のカボス果汁130ミリリットル、濃口しょうゆ80ミリリットル、みりん70ミリリットルの割合でたくさん作り、冷蔵庫で保存していました（基本はすべて同じ割合で作るようですが、私はかんきつ系の味わいが好きなので、この割合で作っています。お好みの割合でお作りください）。

鍋料理をいただくときには、手作りポン酢にもみじおろしを入れました。締めに、鶏の手羽先鍋のときはご飯を入れて雑炊にしましたが、これも子どもたちは大好きでした。

グルメ漫画『美味しんぼ』のレシピ集に出ていたものをアレンジした「ベーコン鍋」も、子どもたちに大好評でした。ベーコンエッグを作るときに使う薄切りのベーコンを5～7袋ぐらいと、タマネギ、ジャガイモだけのシンプルな鍋です。ジャガイモはほくほくしておいしい男爵イモを使います。

まず、ご家庭の鍋の大きさに合わせて水とキューブのブイヨンを入れて、4分割したタマネギと、皮をむいた中ぐらいのジャガイモを切らずに丸ごと入れます。わが家ではタマネギは6個、ジャガイモは12個入れました。ベーコンは塩分を除くために、先に熱湯に通して湯がいておき、野菜が煮えた頃に加えます。

それぞれの小鉢にとったら、ブラックペッパーをひいて入れ、いただきました。洋風のスープにブラックペッパーがピリッとしたアクセントになります。

通塾日で帰宅が遅くなった子どもには、一人用の土鍋にきれいに盛り付けて食べさせました。食べやすいうえ、土鍋なので冷めにくく、体が温まったようです。

第78条 寒い時期の夜食に「出汁かけ揚げおにぎり」

連日勉強を頑張っている受験生にとって、食事は唯一の癒しの時間です。おいしいものを食べると幸せな気持ちになりますよね。栄養バランスを考えながらも、お子さんのテンションが上がるようなお料理を作ってください。

直前期には、遅くまで勉強しておなかが空くこともあるでしょう。そんなときにオススメなのが、「出汁《だし》かけ揚げおにぎり」です。三男が『美味しんぼ』に出ていた「揚げたおむすび」を見て、「これを食べたい。作って」とリクエスト。**私がアレンジを加えたオリジナル料理で、テレビ番組「家事ヤロウ!!!」でも紹介されました。**

作り方を紹介しますので、ぜひ、作ってみてください。

1　小さめの三角おにぎりを作り、中に種を取った梅干しを1～2個入れる。
2　揚げるときに形がこわれないように、お皿の上でおにぎりを約20分乾燥させる。

3　フライパンにサラダ油大さじ2を入れ、火をつける。
4　油が温まったら、おにぎりがくっつかないように並べ、片面を約4分間揚げ焼きにする。並べたら触らず、動かさないのがコツ。
5　おにぎりを揚げ焼きにしている間に、水500ミリリットル、和風出汁の素5グラム、酒小さじ1、みりん小さじ2、薄口しょうゆ小さじ2を鍋に入れて温める。
6　おにぎりの片面がキツネ色になったらひっくり返し、反対側の面を3分間揚げ焼きにする。
7　最後に、側面にも焼き色をつける。
8　揚げおにぎりを器に入れて出汁をかけ、小口切りにした小ネギを散らせばできあがり。

カリッと揚げ焼きにした香ばしいおにぎりに、出汁のうまみがしみこんで、豊かな風味を味わえます。梅干しの酸味と小ネギの風味が爽やかなアクセントになっており、たっぷりかけた出汁で体もポカポカします。手軽な夜食の定番である「おにぎり」ですが、ちょっと手間をかけるだけで、立派な一品になりますよ。

受験生に元気を出してもらうため、好物の料理を食べさせてあげるのが直前期には大切ですが、試験の数日前からは、食中毒の危険性がある生ものや焼き肉は避けましょう。焼き肉とお寿司で、具合の悪くなった受験生の話を耳にしたことがあります。最後まで健康管理に注意して、万全の体調で受験できるようにしてください。

第79条 第1志望校受験の前後に、必ず他校を受ける

模試を何度受けていたとしても、入試本番の緊張感とは全然違います。ですから、第1志望校の受験の前に、他校を前受験しておいた方がいいと思います。小6といってもまだ人間としては幼いのです。**入試会場の雰囲気と試験時間の感覚を味わって、場慣れしておいた方がいいでしょう。いきなり本命の学校を受けるのは避けるのが賢明です。**このことは、塾でもアドバイスされると思います。

志望校選びについては、85条で詳しく書いていますが、第1志望校の前に受ける学校には、「行きたい学校」だけではなく、「合格できそうな学校」も選んでください。偏差値などを参考にして、合格の可能性が極めて高いところも受けるのです。子どもは「合格通知」をもらうとうれしいし、自信につながり、精神的な余裕を持って、本命の学校に臨めます。

さらに、第1志望校の前だけではなく、あとにも受験した方がいいと思います。第

1志望校の受験を最後にした場合、「これで受験は終わりだー！」という思いで、本番前に緊張の糸が切れてしまう場合があるからです。あとにも入試があると、気が緩むことなく、本命の学校の入試に臨めます。

第80条 自宅から遠い場合には、ホテルを予約する

奈良市の自宅から息子たちの第1志望校である灘中まで、1時間40分ぐらいかかります。そのため、入試の前日はホテルに泊まりました。受験の日に1時間40分かけて行くと疲れますし、万が一、**交通機関でトラブルが起きたら困りますから、学校の近くに泊まると安心です。**

志望校が自宅から遠い場合には、早めにホテルを予約しましょう。同じ受験日にどちらの学校を受けるか迷っている場合には、両方予約してください。受験校が決まってから予約しようと思っていると、受験校の近くのホテルが満室になる場合もあります。両方押さえたうえで、受験校が決まったあとに、受験しない学校近くのホテルの予約をキャンセルすればいいのです。何日前からキャンセル料が発生するかは、ホテルによって異なりますが、それほど直前でなければキャンセル料はかかりません。

ホテルを予約したあと、念のため、本番の3か月前に予約がきちんと取れているか

再度確認してください。どこで、何の手違いがあるのかわかりませんから、念には念を入れましょう。

前日のホテルでの過ごし方ですが、暗記項目などの最終チェックをしたら、早めにベッドに入って休ませてください。睡眠不足だと実力を発揮できません。入試前夜なのですぐに寝付けないかもしれませんが、横になるだけでも疲れは取れます。部屋を暗くしていたら、そのうち眠くなってくるでしょう。

入試当日は、朝起こしてあげて、一緒に朝ご飯を食べたら、受験校まで一緒に行きましょう。チェックアウトは、学校に子どもを送ってからホテルに帰ってします。

第81条 受験についていき、当日かける言葉を考えておく

中学受験は、毎回、親が入試会場までついていった方がいいと思います。志望順位が上位の学校は、文化祭や体育祭などの見学で行ったことがあるでしょうが、志望順位が下位の学校へは、当日初めて行く場合も少なくありません。できたら、**迷わないように親が事前に駅からの行き方を確認しておくと安心です。必ず、時間に余裕を持って自宅を出ましょう。**

入試当日に、わが子にどのような言葉をかけようか迷いますよね。長々と話しても、緊張している子どもの頭にはすーっと入らず、かえってプレッシャーになりかねません。ですから、シンプルに「頑張ってね！」と言うのが一番いいと思います。このとき、とびっきりの笑顔で言うことを忘れないでください。子どもは親の笑顔を見ると安心し、心強く感じます。

第82条 万が一、不合格だったときにかける言葉を練習しておく

受験は、合格することもあるし、不合格のこともあります。模試ではいつもA判定で、成績には何の不安もなかったのに、残念ながら不合格の場合もあります。もちろん絶対合格を目指しますが、心の片隅で不合格になったときのことは考えておく必要があります。

不合格のときには、親子ともにがっかりしますが、親は大人ですから子どもにかける言葉には最大限の注意を払いましょう。といっても、親も動揺していますから、前もってかける言葉を考えておくといいですね。

子どもは、どこの中学に進んでも前向きに生きていかなければなりませんから、入学した学校が立派な母校と考えられるように励ますことです。**子どもにとって、中学受験のあとの人生の方が長いのですから、受験は通過点としてとらえる心づもりで応援してください。**

第83条

志望校に合格でも不合格でも、入学後に新たな気持ちで頑張る

中学受験で第1志望校に合格できず別の学校に入学した場合、まず親がその学校を子どもの母校となるのだとしっかりと認識しましょう。

お母さんは、入学した学校の保護者のクラブやランチ、行事などには積極的に参加して楽しんでください。**お母さんが新しい学校を楽しむ姿を見て、子どももその学校が自分の学校だと思うようになります。**決して、不合格だった学校の悪口や噂などは言わないように。子どもは、親が悲しむ姿を見るのが一番傷つきますから気をつけてください。

中高一貫校に進むなら、大学受験までの6年間、学校生活を十分楽しんでほしいと思います。

公立中学に進む場合には、3年後には高校受験です。新しい目標に向かって頑張りましょう。

中学受験が終わっても、勉強は終わりではありません。小学校を卒業して新しい生活が始まります。ご縁があった学校で楽しく努力していきましょう。

第84条 Q&A

親のサポート

Q どの程度、親が勉強のサポートをすればいいでしょうか？

A どこまでサポートするかというと「合格するまで徹底してサポートする」ということです。「どの程度？」と程度の問題ではありません。保護者の方々もそれぞれの立場が違いますから、サポートの仕方は違ってくるのは当然です。でも、特に中学受験は、受験をするのが小学生ですから、本人はまだまだ幼く小さいことを忘れてはいけないのです。

ひとりで戦わせるには、受験は過酷です。親が少しでも寄り添うと子どもは頑張れますので、できるだけの時間を子どもに使ってください。勉強の内容を教えるのはなかなか大変なので、塾のサポートに徹するのがいいと思います。

特に5年生や6年生のときは、子どもの仕事は「問題を解いて正しい答えを出す」ことだけと考えてください。受験すると決めると、子どもは途端に忙しくなりますから、できるだけ何でもしてあげましょう。何でもしてあげると、大人になっても自分

でできなくなるのではないかと心配される方もいますが、それは杞憂《きゆう》です。子どもは

いつまでも子どもではありません。大人になったら、自分で何でもできますから心配

ありません。

第4章で、私が考えた教材の整理方法やオリジナルノート作りなどについて紹介し

ています。私は専業主婦でしたから、時間をたくさん使って全力でサポートできまし

たが、働いているお母さん方はあまり時間が取れないかもしれません。無理はしない

で、「できそう」と思うことを、やってみてはいかがでしょうか。

親がわが子の中学受験のサポートをためらう理由は、ひとつもありません。中学受験は「親子の受験」なのですから、わが子のためにできることは何でもやってあげてください。

18歳までの子育てのときに、私の頭の中にいつもあったのが、「旅は道連れ」という言葉です。子どもが受験のために頑張っているときには、いつもそばで寄り添い、一緒に志望校合格というゴールまでの道を頑張ってほしいと思います。

第85条 Q&A

志望校の選び方

Q 志望校選びをどうしたらいいか悩んでいます。

A 志望校をどこにするかは、すべての受験生とその親が悩む問題です。志望校選びは、①本命の第1志望校、②第1志望校に不合格だったときに行く学校、③必ず合格できる学校の3校を軸にして考えましょう。

③の必ず合格できる学校は、本命の前受験にするのと、第1志望も第2志望も失敗したときの最後の受験校としても必要です。本命に合格したら受けなければいいのですから、願書だけは出しておくといいと思います。

＊前受験（必ず合格できる）
＊本命校
＊本命校が不合格のときに進学する学校（第2志望）
＊本命校と第2志望校の両方が不合格のときに受験する学校

このように、少なくても4校は願書を出し受験する用意が必要です。当然遠方なら、ホテルの予約もしておくべきですね。

まず、本命校も絶対合格確実という子どもは、本番でも普段の実力を発揮できるようにしておくことが最優先です。このような子どもでも、前受験はしておいた方がいいと思います。

本命校が合否線上、合格する可能性が半々という子どもの場合、子どもが「受けたい」と強く思うのであれば、受けた方が、受験に対してのやる気を維持できます。可能性が半々だから第1志望をひとつ偏差値を落とした学校にした方がいい、と親が言うケースも多いですが、この辺りの見極めは難しいのです。子どもの精神面のケアもなかなか大変です。

私の知っている事例ですが、とにかく灘を受けたいというお子さんがいました。偏差値としては合格可能性40％。親はひとつ下の学校を受けた方がいいと思うが、子どもがどうしても受けたいと言っているので、受けないで後悔するよりもいいということで灘中受験に賛成しました。結果はやはり、灘は不合格でしたが、子どもは満足して、合格した学校に納得して進学しました。

私には、このお子さんについて、考えさせられる点が多かったです。受験は合格するのが大前提です。しかし、たとえ失敗したとしても、今までの必死の努力は、子どもの長い人生において価値あるものになると思うのです。このご両親の判断は素晴らしかったと今でも思います。親が徹底して子どもの思いに寄り添った、愛情が表れた受験だったのではないでしょうか。

私は、小6の12月31日までは、「成せば成る」と言っていましたが、1月1日からは「成るように成るよ」と言うようにしていました。人生は、必ずしも思い通りにはいきません。最後まで頑張ることは大事ですが、やることをやったらあとは「天命を待つ」という姿勢も大切だと思います。受験というものを、それを学ぶ機会にしてほしいのです。

志望校選びのお話に戻りますが、人生の生き方に正解がないように、この決め方が正解だというものはありません。しかし、どの子にも言えることですが、**「合格通知」をもらうのは、合格した学校が必ずしも第1志望でなくても本当にうれしいものなのです。**自分が認められたという気がするのでしょうね。

前受験で合格をもらうのは、かなり大事なことです。中学受験を人生の通過点のひとつとして考えるなら、子どもが大人になって振り返ったとき、ちょっと心が温かくなって、親ごさんの優しい顔が思い浮かぶ通過点にしてほしいと思います。

一般的に男子は偏差値を重視して志望校を選ぶイメージですが、女子はちょっと違うようです。長女の中学受験のとき、塾の説明会に行くと、お母さん方が学校のブランドや校風、制服なども重視するのに驚きました。中には、「自分の母校に入れたい」「可愛い制服だから」という方もいて、女の子ならではの選択の仕方と感心しました。

私は、学校選びの条件は女子も男子同様偏差値で選んでいいと思いますし、また女の子らしく制服でもいいと思います。ただ、女子の場合、何といっても通学時間が男子よりも重要です。

男女共に通学時間は志望校選びの重要なポイントになりますが、私の感覚としては（関西の感じですが）男子は2時間以内、女子は1時間以内が適切のような気がします。中学校、高校と荷物が重くなりますので、女子は学校が遠いと余計に疲れます。

女子は偏差値が高い遠くの学校より、少し偏差値は低いけれど近い学校がいいのではと思います。わが家の息子たちは、灘まで電車に乗っている時間は乗り換え2回で

1時間40分、前後を入れると約2時間、往復4時間でした。今さらながらよく6年間も通ったと思います。3人ともほとんど皆勤ですから、よほど楽しい学校だったのでしょう。

娘は、乗り換えなしで1時間ほどの洛南中に行きましたが、奈良から乗るときは始発なのでかなりラクだったと思います。

第86条 Q&A

苦手な算数の攻略法

Q 算数が苦手です。どうしたらできるようになりますか?

A 5〜6年生で成績が伸び悩んでいる人は、だいたい算数が苦手です。計算が遅かったり、計算ミスが多かったりします。

算数が苦手なら、「1＋1」から「10＋10」までの合計100の計算を毎日やってほしいですね。こう言うと、「えー。6年生になって『1＋1』をやるんですか」と思う方が多いでしょう。でも、試しに毎日100個の計算をやらせてみてください。**この100個の足し算は基本となる計算なので、ウォーミングアップや筋トレのつもりで毎日の宿題の前にやると、必ず他の計算も速くなります。**

「1＋1」「1＋2」……と順番に計算するのではなく、バラバラに並べるのがコツです。親がパソコンで100の計算を打ち込んで、印刷してあげてください。毎日新しい計算用紙を作らなくても大丈夫です。一度作った計算用紙をコピーして使ってください。

時間を計って、100個の計算を1分以内にできるようにしましょう。毎日続けていると、少しずつ計算が速くなってくるはずです。「タイム」の短縮は、子どものやる気につながっていきます。

立体図形が苦手なお子さんも少なくありません。立体図形を頭の中でうまくイメージできていない場合が多いので、問題に出てくる立体図形を作って、見せてあげるとわかりやすいです。

私は、展開図がある場合には、紙をハサミで展開図と同じように切って、子どもの目の前で組み立てました。問題に出ている展開図は平面ですが、組み立てることによって立体図形になる様子を見るのは、子どもにとってちょっとした感動になり、立体図形に対する理解が深まります。

組み立てるのを面倒だとは思わずに、お子さんのためにぜひ、やってみてください。

「うちの子は算数が苦手で……」と言っているだけでは、算数の成績は伸びません。

第4章

これは役立つ！身の回りグッズと利用法

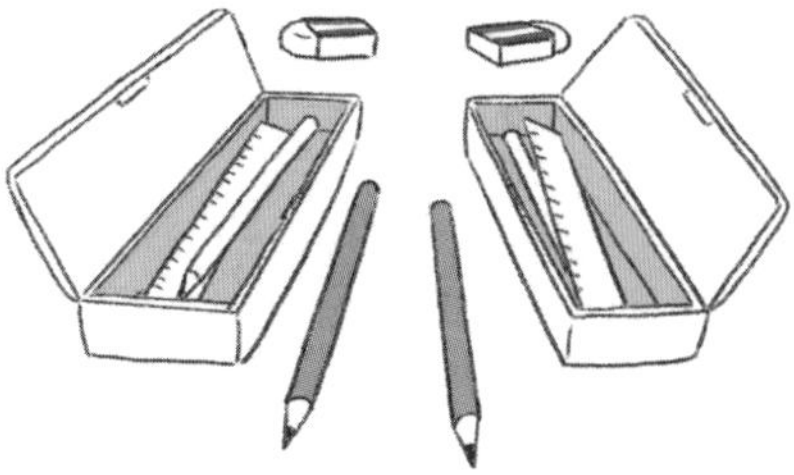

第87条 2か月分のカレンダーを並べて貼る

わが家では、リビングルームの壁に勉強机を2つずつ並べて置いています。末っ子の長女が2017年に進学で上京したので、4つの机を見ると、子どもたち全員が机に向かって勉強していた頃が懐かしく思い出されます。

子どもたちの机の前の壁に、それぞれカレンダーをひとりにつき2か月分並べて貼り、定期テストや模試などの予定を書き込みました。その月だけではなく、翌月のスケジュールも把握することが大切だからです。

例えば、来月初めに模試や塾のテストがあるという場合、今月が終わったからとカレンダーをめくったらいきなり、テストの予定が出てくると焦りますよね。ですから2か月分貼り、常に翌月までの予定が一目でわかるようにしていました。テストの予定がわかれば、すぐにカレンダーに記入します。

中学受験前の6年生の冬のカレンダーには、模試、入試日などをぎっしりと書き込みました。12月のカレンダーの横に入試が行われる1月のカレンダーが並んでいるので、子どもも気が引き締まります。

子どもたちは大学進学後、東京で一緒に住んでいましたが、壁には2か月分のカレンダーを貼っていました。「翌月のスケジュールもわかって便利」だと感じていたのでしょう。

子どもたちの勉強のスケジュール管理のためにやったことを、彼らが自分の意思で続けてくれているのはうれしいですね。

第88条 手帳で親のスケジュールを管理

子どもたちの机の前のカレンダーに予定を書き込むだけではなく、私の手帳にも書き込んでスケジュールを管理しました。愛用したのは、1日が1ページになっている手帳です。1ページを5段に分けて、上から順に長男、次男、三男、長女、私の予定を記入。子どもが4人いるので、**一目でわかるように予定を書いておかないと、私がどう動けばいいかわからず混乱します。**

日によってそれぞれの子どもの塾や学校行事がありますから、それらを軸にして、毎朝、その日の私の行動を決めていました。誰かが熱を出すなど体調を崩したときには、急遽予定を書き換えます。その日の自分のスケジュールを頭の中で考えるだけではなく、必ず手帳に書くと、スケジュールを立てやすく、効率的に動けるからです。

一時期は、予定がびっしり書き込まれていたので、アイドルのマネジャーの手帳みたいだと言われていました。

第89条 家庭用コピー機は中学受験の必需品

子どもたちが公文の教室に通っているとき、先生の許可をとって、プリントを拡大コピーしました。学習内容が進むと、内容が多くなって字が小さくなったからです。最初はコンビニのコピー機を利用しましたが、大量にコピーするときには、後ろに列ができていないか気にしなくてはなりません。コピーの度にコンビニに行くのは時間の無駄になるので、思い切って家庭用のコピー機を買うことにしました。

わが家にコピー機が来てからというもの、いつでも好きなときに簡単にコピーできて、本当に便利でした。1日に200〜300枚もコピーしました。

中学受験塾に通うまでは公文のプリントとバイオリンの楽譜を拡大コピー。中学受験塾に通うようになってからは、95条で紹介する「特製ノート」を作るときや、61条で紹介した「過去問の解答用紙の原寸大コピー」などに大活躍しました。

私が家庭用コピー機を買った当時は高価でしたが、現在は2万〜3万円で拡大機能がついたコピー機が買えます。コピー機は大学受験まで使いますので、コンビニでコピーするよりも割安になりますし、何よりもコンビニに行く時間を省けます。

難しい算数の問題は、拡大するとわかりやすくなり、子どもにとって解きやすくなります。よく間違う問題も、大きくすると意外とできるようになるのです。

家庭用コピー機は中学受験の必需品です。ぜひ、最大限に利用してほしいと思います。

第90条 キッチンタイマーで時間感覚を身につけ、集中力アップ

子どもたちが勉強するリビングとつながったキッチンの冷蔵庫の側面に、色や形、音が異なるマグネット式のキッチンタイマーを25個ぐらい貼り付けていました。タイマーは過去問を解くときや、集中力をアップさせるときに重宝しました。子どもたちには、それぞれお気に入りのタイマーがありましたが、その日の気分で違うものを選ぶこともありました。首にかけられるひもをつけたタイマーもあって、休憩中に首にさげて、ピピピと鳴ったら、机に戻ってくる子もいました。

入試は時間との戦いですから、時間感覚を身につけなければなりません。タイマーで時間を計って過去問を何度も解くうちに、時間感覚が身につき、時間配分を考えられるようになります。

のんびり屋さんの三男は、長男、次男よりも算数の計算が少し遅く、集中力がやや欠けるように感じました。三男はそれをあまり気にしていませんでしたが、私はちょ

っと心配になって、受験塾の先生に相談してみたのです。すると、やっぱり私が思っていた通りでした。

先生はよく観察してくださっていて、「15分しか集中力が続かないので、14分たったら声をかけて授業に集中させています」とのことでした。先生から、「15分の勉強を3セットで45分、4セットで60分になりますから、試験時間に近づけられます。タイマーをセットして、集中し直す練習をさせるといいですよ」とアドバイスしていただきました。

三男の集中力強化のために、まず、1教科15分でやれる問題数を教科ごとに選んで、準備。そして、算数、国語、理科、社会と15分ずつ順番に科目を回して問題を解かせました。15分にセットしたタイマーがピピピと鳴ったら、たとえ解答の途中でも次の科目に移ります。三男が「あと少しで終わるのに……」と言っても、無情に取り上げました。

15分以内に終わらなかった問題は、また同じものをやらなくてはなりません。またやり直さなくてもいいように、三男は必死で取り組むようになりました。この「15分集中勉強法」を2か月くらい続けていると、集中力を試験時間と同じ間保てるようになり、一安心。その後はケアレスミスも減ったようです。

よく「うちの子はあまり集中力がなくて困っています」という相談を受けます。ぜひ、この「15分集中勉強法」を試してみてください。親がちょっとサポートするだけで、子どもの集中力は驚くほど上がります。集中力は鍛えられるものなのです。

第91条
塾の教材はボックス型のケースに入れて整理

いざ、勉強しようと思ったときに、必要なものを探す時間ほど無駄なものはありません。探さなくてもいいように、いつも整理しておきましょう。

中学受験塾のテキストやノートなどは、背の低いボックス型のプラスチックケースに入れ、ケースを立てて、机の棚の上に並べます。

ケースの前面には白いシールを貼り、国語、算数、理科、社会と教科名を書きました。

勉強を始めるときに探す必要がないし、終わったらテキストとノートをケースに入れるだけ。簡単に整理できます。

ケースは100円ショップでそろえました。色々な大きさや色がありますので、自分にとって使いやすいものを選びましょう。

大学受験のときには、教材が大量にありましたので、高さ23センチ、幅12センチ、奥行35センチの大きなボックスを買って、それぞれの前面に教科や分野を油性サインペンで大きく書いて、本棚に並べました。勉強するときにはボックスごと机に持っていき、脇に置いて利用。終わったらそのボックスに入れて本棚に戻すだけなので、簡単に整理できます。

本棚に、科目別に場所を決めて並べて収納すればいいと思いがちですが、子どもは取り出した場所に元通りにはしまいません。別の場所に無造作に差し込んで、使うときに探すことになりますので、ぜひボックス型のケースで整理してください。

第92条 筆箱と文房具は2セット用意

わが家の4人の子どもたちは、小学校に入学したとき、全員が公文に通っていました。その後、公文をやめて中学受験塾・浜学園に通いましたが、筆箱と文房具は小学校用と公文・塾用の2セット用意していました。**1つだけですと、ランドセルから塾用のバッグ、バッグからランドセルへと入れ替えるのが面倒です。2セット用意していると、入れ替えなくてもいいので、持っていくのを忘れません。**

筆箱は、小学校に入学するときに、子どもたちが好きなキャラクターのマグネット式の四角い筆箱を2つ買いました。好きなキャラクターの筆箱だと、テンションが上がるんですよね。鉛筆は私が削って用意していました。

塾に行くまではその筆箱に鉛筆を入れていましたが、塾に行くようになってからは、シャープペンシルを使うようになり、ファスナータイプの大きな筆箱を使いました。

シャープペンシルはいろいろと試してみて、軽くて書きやすいパイロットの「スーパーグリップノック」を愛用。芯は軟らかい方が疲れないのでBを使っていました。消しゴムはトンボ鉛筆の「MONO」。プラスチック製なので、消しやすかったようです。

シャープペンシルや鉛筆、消しゴムは、人によって使いやすいものが違うと思いますので、色々試してみて、お気に入りのものを見つけるといいですね。わが家では、シャープペンシルの芯の太さは、長男、次男、長女は0・5ミリ、三男は太い0・7ミリを使用。また消しゴムの形も、長男は細長いもの、次男はそれより少し幅広いもの、三男と長女は四角いものを使っていました。

シャープペンシルは常に筆箱の中に3本ぐらい入れておきました。芯がなくなったとき、芯を入れ替える手間が省けます。消しゴムもテスト中に落としたとき、拾わなくてもいいよう予備を入れました。

筆箱や筆記用具を複数用意するのはもったいない、と思う方もいらっしゃるかもしれませんが、使うたびに1つの筆箱を出し入れするのは、意外と面倒なものです。塾で使った筆箱をランドセルに入れ忘れたりすると、学校で困ってしまいます。ぜひ、それぞれ専用の筆箱を用意してあげてください。

第93条 間違えたところはノートとテキストに付箋をつける

子どもは間違い直しが死ぬほど嫌いです（笑）。だから、見直しの面倒くささを少しでも取り除いてあげることが大事です。

間違い直しのために、ノートとテキストをパラパラめくりながら間違えた箇所を探すのは、子どもにとって結構面倒な作業です。そのため私は、ノートの間違えた箇所とテキストの関連する箇所の両方に付箋を貼りました。これでページを探す手間が省けます。さらに、テキストの間違った箇所には、赤鉛筆でマルをつけてすぐにわかるようにしました。

子どもたちはノートに付箋がどのくらいついているかを見て、「あっ。ひとつだ」と喜ぶこともあれば、たくさん間違えていて「付箋がいっぱいビラビラしてるー」と残念がることもありました。

無地の付箋も使いましたが、それだけですとつまらないので、犬、猫、キツネ、クマなどの動物シリーズや花のシリーズなど、さまざまなかわいい付箋を文房具店で選んで買いました。

無地のものと比べると、動物などの絵が描かれたものは少し割高になりますが、動物の顔がノートからのぞいている感じになり、とてもかわいいのです。ノートを受け取る子どもも楽しんでいましたが、一番楽しんでいたのは、付箋を貼っていた私かもしれません（笑）。やはり、「勉強は親子で楽しく」が基本です。

常に数百枚あった付箋は、プラスチックケースに入れておき、「どの付箋を貼ろうかなー」と考えて、ウキウキしながら貼っていました。

子どもはひとつ見直しが終わると、その箇所についている付箋を剝がして捨てます。その繰り返しで付箋が減っていくと、敵をやっつけていく感じでうれしそうに付箋を外していましたね。最後の1枚を剝がすときには、ちょっとした達成感があったようです。

第94条 間違えたところをまとめた「必殺ノート」

テストで間違えた問題の暗記事項を、A4サイズのリングタイプのノートにまとめました。ひとつひとつしっかりと覚え、次に出たときには必ず正解できるよう、わが家ではそのノートのことを「必殺ノート」と呼んでいました。

テストで間違えたことのみを書き、社会、理科、国語の「必殺ノート」を作りました。

原則「1ページに1項目」にして、大きな文字で書くこと、カラーの油性サインペンでカラフルに書くこと、リングタイプのめくりやすいノートを選ぶことがコツです。小さな文字でぎっしり書いてあると、読むのが大変ですが、大きな文字で書いてあるとぱっと見てわかりやすいです。また、黒など暗い色ではなくて、ピンクやオレンジなどの暖色を使いカラフルに書くと、子どもの気持ちが明るくなり、記憶が定着しやすいです。

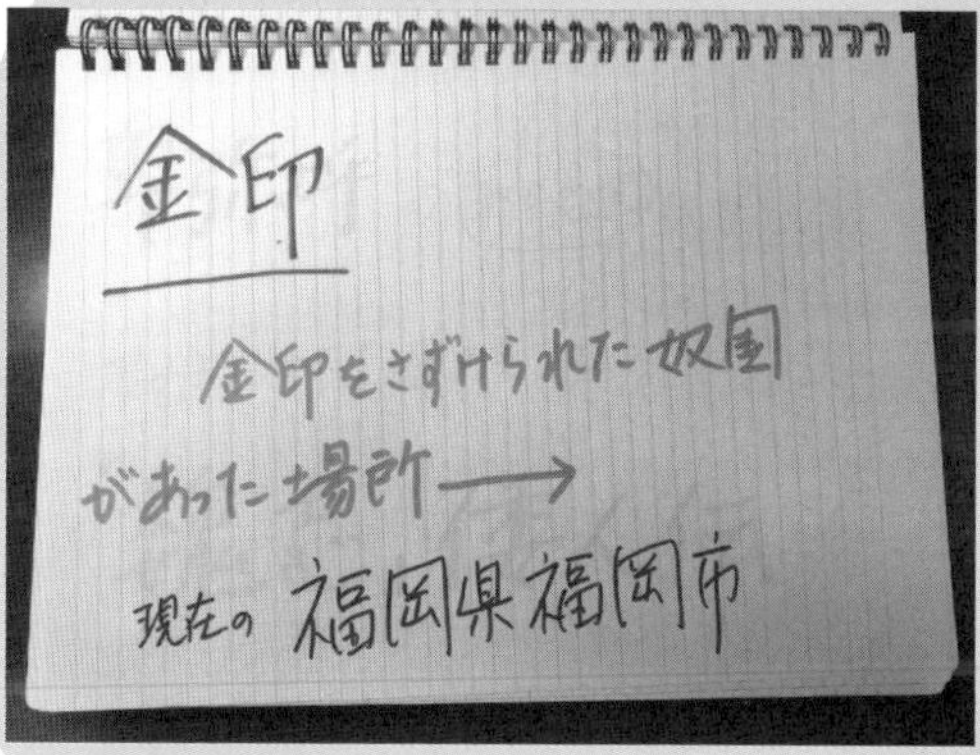

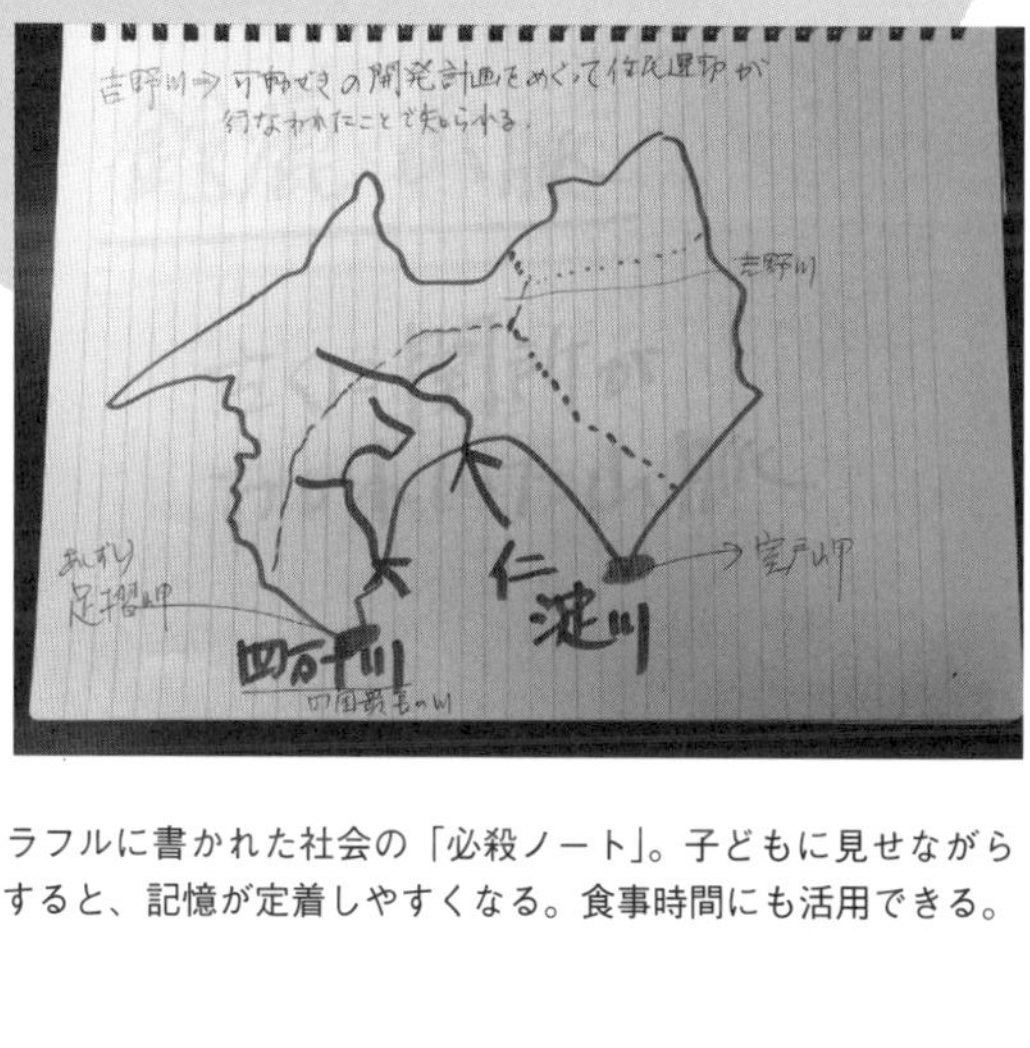

大きな文字でカラフルに書かれた社会の「必殺ノート」。子どもに見せながらお母さんが音読すると、記憶が定着しやすくなる。食事時間にも活用できる。

勉強中は、子どもにこのノートを見せながら、私が声を出して読んでいました。目と耳の両方から入ってくる方が覚えやすいからです。受験直前の小6の12月ぐらいからは、食事の時間も活用して読みました。

第95条 算数の「特製ノート」

長男が中学受験塾の浜学園に入ったとき、先生から「ノートの白い部分の広さと、頭の中の広さは同じだと思ってください。算数が苦手な生徒さんは、ノートにチマチマと小さく書くため、計算ミスも多くなります。ですから、広いスペースに大きな字で書かせてください」と教えられました。

私も、まったくその通りだと思いました。**算数は計算をしたり、図形を描いたりするので、広いスペースを使って考えるとミスが減り、発想が広がります。**

普通はテキストや問題集を左に、ノートを右に並べて問題を解きますから、解いている最中は何度も問題を見て、その度に頭を左右に振ることになります。そのやり方では労力も時間も無駄になります。その無駄を省くため、「特製ノート」を作りました。

4年生のときの計算問題は、青の万年筆で問題を書き写しました。ちょっと、大きめの字で見やすいように書きました。青色にしたのは、黒より見やすいからです。

5年生からは、塾の算数のテキストの問題をすべて拡大コピーして、それをハサミで最初から順番にひとつひとつ切り、ノートの一番上にのりで貼りました。コピー機とハサミとのりがあれば簡単に「特製ノート」を作れます。

計算問題であれば原則1ページに3題ぐらい、文章問題であれば1ページに1題貼って、解答スペースを広く取りました。同じページに問題と解答スペースがあるため、首を振る必要がなく、格段に解きやすくなります。

複雑な問題の場合には、計算問題は1ページに1題、文章問題は1題に2ページ分の解答スペースを確保しました。

私が考えた解答スペースでだいたい間に合っていたのですが、「1行問題だから1ページ」と思ったら、息子に「この問題は1行だからやさしいと思っただろうけど、難しいから1ページでは足りないよ」と言われたこともあります。そのときにはレポート用紙に続きを書かせて、ノートに貼りました。逆に、難しいと思って2ページ確保したのに、1ページで解き終わり、もう1ページが白紙になったこともありました。

問題の下の広いスペースを使ってゆっくり考えられるため、かなり効果があったと思います。解答スペースが余ったこともありますが、足りないでちまちま書くよりマ

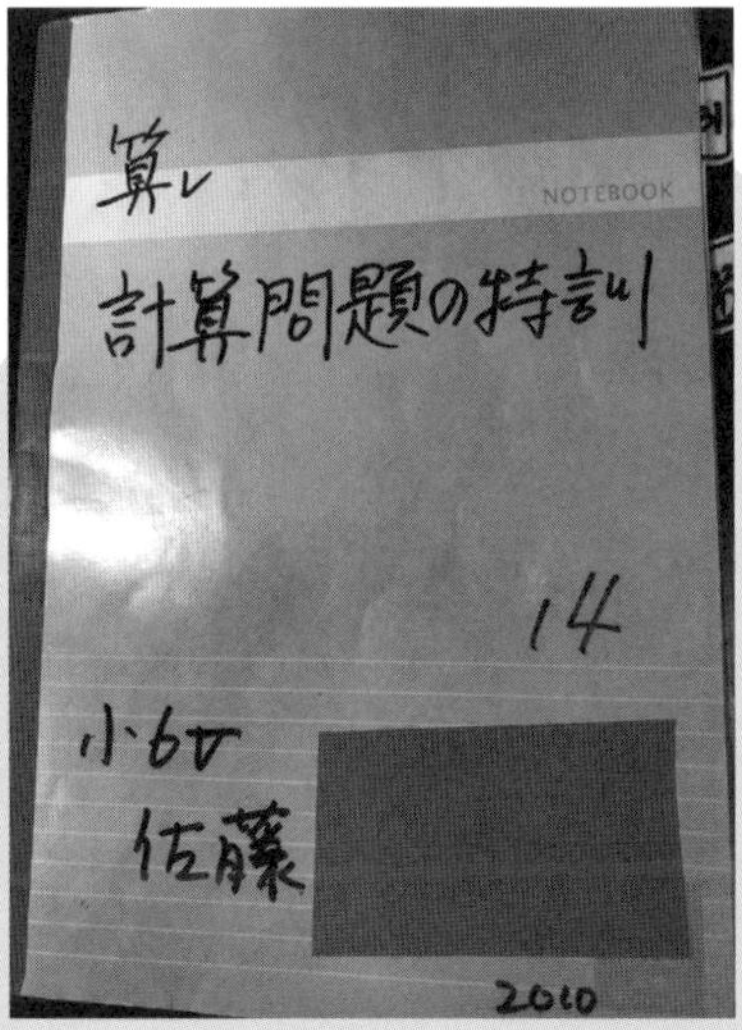

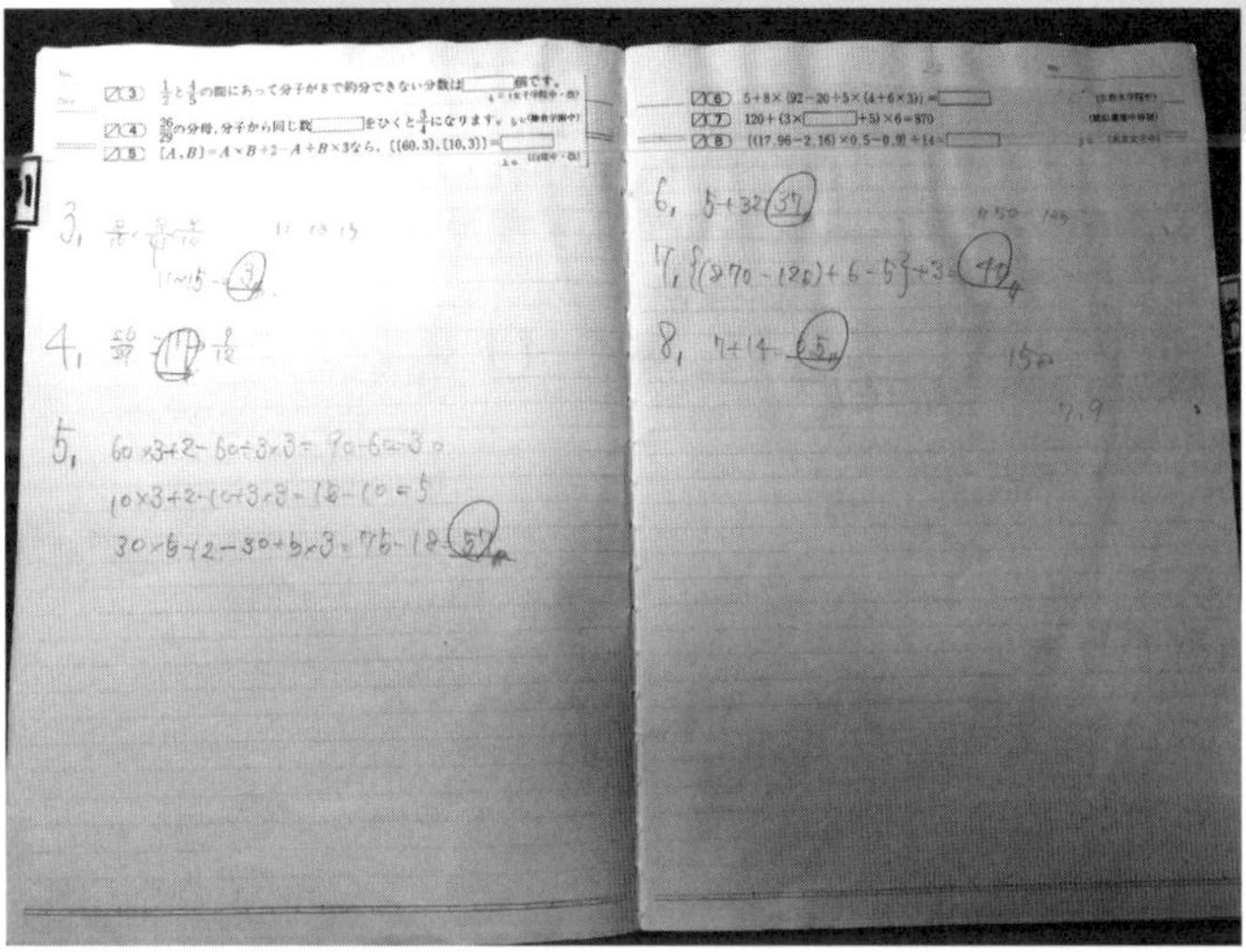

算数の「特製ノート」は、テキストのコピーから問題を切り取り、ノートに貼り付けて作る。問題の下に解答スペースを広く取ることが重要。

シだと思い、ノートをぜいたくに使わせました。

次男が6年生の終わり頃になったとき、算数の問題の解答スペースを広くとった「浜ノート」という宿題専用のノートができました。そのノートができるまでは、ずっとテキストの問題を貼った「特製ノート」を作っていました。テキスト1冊分で、だいたい15冊ぐらいの「特製ノート」ができあがりました。

三男のときには「浜ノート」がありましたが、「最高レベル特訓」「灘中合格特訓」には「浜ノート」はなかったので、特訓のための「特製ノート」は、3人の息子たち全員に作りました。

ノートに問題のコピーを貼るだけでは、ちょっと味気ないので、「式と計算」「最小公倍数」など章の項目名は、太いサインペンで目立つように書きます。章ごとに、ピンク、オレンジなどの暖色と青、緑などの寒色を交互に使いました。章の終わりには、その章の項目と同じ色のサインペンで、「終わり」の印として『』を大きく記入。解答スペースを広く取っていたため、1章にノート1冊を使うこともありました。

第96条 塾の授業ノートを数冊まとめて合本

中学受験塾は教え方がとても面白く、授業中に暗記のための語呂合わせなども教えてくれます。子どもたちはそれらをノートに書いていましたので、塾の授業ノートは復習のときに役立ちました。

科目ごとに、授業ノートの2冊目が終わったら、1冊目の裏表紙と2冊目のおもて表紙をのりで貼りました。3冊目が終わったら、2冊目の裏表紙と3冊目のおもて表紙、4冊目が終わったら3冊目の裏表紙と4冊目のおもて表紙といった風に、終わったノートを次々にのりで貼っていきました。こうすると、ノートがバラバラにならず、ノートを探す手間が省けます。

その学年の授業が終わったら、ノートの背表紙をカラーの布製ガムテープで貼って、「小4　理科」などと、油性サインペンで学年と科目を書きます。ガムテープはピンク、黄色、青などカラフルな色を使いました。普通のガムテープの色だと味気ないですからね。気持ちが楽しくなるよう、カラフルな色を選びました。1年間の授業ノートは5～6冊ぐらいでしたから、そこそこ厚くなりました。

中学受験の場合、塾の授業ノートは、きちんとまとめると参考書のように使えるので、とても大切です。

わが家でも、復習したいときに参考書代わりに使いましたが、特に理科と社会が役に立ちました。ひと手間かけて合本してみてはいかがでしょうか。

第97条 塾のテストはゲージパンチとルーズリングで整理

塾の大量のテストは、きちんと保管しないとすぐ紛失してしまいます。

私は、文房具店で売っているカール事務器のゲージパンチとルーズリングを買ってきて、教科別にルーズリーフを作って保管しました。

やり方は簡単。テストが終わったらゲージパンチでテストの端に穴を開け、カラフルなルーズリングでとじました。明るい色を使うと、子どもたちも楽しく明るい気持ちになれます。

ルーズリングだとめくりやすく、見やすいのがいいですね。**模試などの前には、間違ったところを見直しました。特に理科は、同じような問題が繰り返し出題されるので、テストをまとめたルーズリーフは復習に役立ちました。**

第98条 模試はプラスチックケースで整理

中学受験の模試は年に10回ほどなので、ルーズリーフではなく、問題と解答用紙と成績表を各回まとめて紙のファイルに入れて保管しました。紙のファイルは2つ穴が開いたバインダーでとじました。志望校に特化した模試なため、中学受験の前に、間違えたところをもう一度見直しました。

大学受験の模試は、問題も解答も分厚いため、模試ごとにA4サイズのプラスチックケースに入れて保管。長男は青、次男は緑、三男は黄色、長女はピンクと色を決めて、ケースの背にパーソナルカラーのビニールテープを貼りました。

そのテープに予備校名、模試を受けた時期を油性サインペンで書いたので、見直したい模試をすぐに手に取れ、子どもたちに喜ばれました。必要なものを探す時間は無駄です。**親が整理や保管をして、子どもが勉強に集中できるようサポートしましょう。**

第99条 塾の合格体験記を読んで情報収集

子どもの受験は中学で4回、大学で4回経験していますが、何度経験しても受験は何が起こるかわからないので、緊張します。ましてや、初めての受験だと不安も大きいでしょう。

そんなときにオススメなのが合格体験記です。大学受験ですと受験生が書きますが、「親子の受験」と言われる中学受験では、受験生だけではなく、保護者の合格体験記もあります。

塾が冊子で出しているもののほか、各塾のホームページで読めるものもあります。どのような戦略で、何に気をつけて合格を勝ち取ったのかが具体的に書かれていますから、とても参考になります。受験生の性格や成績、保護者のサポートはさまざまです。たくさんの合格体験記を読んで、「これ、参考になる」と思ったところに、冊子なら付箋をつけ、ホームページなら印刷しておきましょう。

私も合格体験記を色々と読みましたが、スケジュール、勉強方法、親にやってもらってよかったことなど、参考になるところがたくさんありました。

合格体験記を読むと、中学受験までのイメージがわき、少し心が落ち着くのではないでしょうか。困ったことがあれば、まず塾の先生に相談してください。同時に、合格体験記で情報収集するのも有益です。

おわりに

２０２０年は、人類にとって間違いなく大きな節目の年と記憶されるでしょう。春先から、新型コロナウイルスの脅威が世界中を席巻し、多くの国が大混乱に陥りました。今現在、７７００万人が感染、１７０万人が亡くなり、収束の見通しは立っていません。

それまで普通だと思っていたことができなくなり、今までの価値観がひっくり返ってしまいました。各方面で、既存のシステムを見直さざるを得ず、新しいやり方を模索することが強いられています。

しかし私は、それらの状況は決して悪いことばかりではなく、逆に今までの生き方を根本から見直す、良いきっかけとすべきだと思っています。

この事態をつぶさに観察し、親子で考察を深めましょう。コロナ禍を、未来を生きていく子どもたちにとって貴重な知見とすることが、私たち大人の役目なのではないでしょうか。

子育てに関していうと、これまでは学校や塾にほとんどすべてをお任せの状態でした。家庭教育の重要性が唱えられてきたにもかかわらず、親は自分の忙しさを理由に、家庭教育に十分に時間と手をかけてきませんでした。

しかし、今年は一時的な休校・休塾という事態もあり、家庭教育を見直さざるを得なくなりました。親は、子どもの生活や学力をつぶさに目にし、「この子のために何をすべきか」を真剣に考え始めました。

私は、子育てというものは、いかに早く親の手を離すかではなく、いかに親の手をかけるかだと思っています。

子どもを「手塩にかけ」て育てるということです。子どもはいつまでも、子どもではありません。必ず大人になります。大人になったときに、私がこの本で提唱した7歳から12歳までになすべきことは、必ず人生を生きていくうえで堅固な土台になります。

保護者の方々には、この土台を、これ以上ないというほど揺るぎないものにする努力をしていただきたいと思います。それが子どもの幸せにつながるのです。二度とない7歳から12歳までの時期の子どものかわいらしさ、純粋さに感動しながら、楽しい子育てをしていただければと思います。

その時々に起こる疑問や悩みの解決に、この本の内容が少しでもお役に立てば、これ以上の喜びはありません。

最後になりましたが、この本を上梓させていただくにあたり、私のことをよく理解してくださっているライターの庄村敦子さんと、中央公論新社の持田益弘さんに心より感謝いたします。

２０２０年12月

佐藤亮子

本書は書き下ろしです。

イラスト＝はるな檸檬
ブックデザイン＝中央公論新社デザイン室

佐藤亮子

大分県生まれ。奈良県在住。津田塾大学卒業。高校の英語教師として勤務したのち結婚。専業主婦として子どもたちの受験のすべてを計画的にサポートし、長男・次男・三男・長女４きょうだい全員が東京大学理科三類に合格。浜学園アドバイザー。著書に『３男１女東大理Ⅲの母　私は６歳までに子どもをこう育てました』『３男１女東大理Ⅲ合格！　教えて！　佐藤ママ 18歳までに親がやるべきこと』『頭のいい子に育てる３歳までに絶対やるべき幼児教育』『決定版・受験は母親が９割　佐藤ママ流の新入試対策』『東大脳を育てる！　読み聞かせ絵本100』『東大理三に３男１女を合格させた母親が教える　東大に入るお金と時間の使い方』など多数。

偏差値《へんさち》50からの
中学受験《ちゅうがくじゅけん》スーパーメソッド
──12歳《さい》までにやるべき99か条《じょう》

2021年１月25日　初版発行

著　者　佐藤亮子《さとうりょうこ》
発行者　松田陽三
発行所　中央公論新社
〒100-8152　東京都千代田区大手町1-7-1
電話　販売 03-5299-1730　編集 03-5299-1740
URL http://www.chuko.co.jp/

ＤＴＰ　嵐下英治
印　刷　大日本印刷
製　本　小泉製本

Published by CHUOKORON-SHINSHA, INC.
Printed in Japan　ISBN978-4-12-005378-8 C0037